AF233726

# DE

# LA FORME DU TESTAMENT PRIVÉ

## EN DROIT INTERNATIONAL

---

## LES LOIS OPPOSABLES A LA LOI DU LIEU DE L'ACTE

PAR

## A. LAINÉ

PROFESSEUR A LA FACULTÉ DE DROIT DE L'UNIVERSITÉ DE PARIS

---

LIBRAIRIE

DE LA SOCIÉTÉ DU RECUEIL J.-B. SIREY ET DU JOURNAL DU PALAIS

Ancienne Maison L. LAROSE et FORCEL

22, rue Soufflot, PARIS, 5ᵉ Arrdt.

L. LAROSE et L. TENIN, Directeurs

1908

# DE

# LA FORME DU TESTAMENT PRIVÉ

## EN DROIT INTERNATIONAL

---

## LES LOIS OPPOSABLES A LA LOI DU LIEU DE L'ACTE

IMPRIMERIE
CONTANT-LAGUERRE
LVX VITAM
BAR-LE-DUC

# DE
# LA FORME DU TESTAMENT PRIVÉ
## EN DROIT INTERNATIONAL

## LES LOIS OPPOSABLES A LA LOI DU LIEU DE L'ACTE

PAR

## A. LAINÉ

PROFESSEUR A LA FACULTÉ DE DROIT DE L'UNIVERSITÉ DE PARIS

LIBRAIRIE

DE LA SOCIÉTÉ DU RECUEIL J.-B. SIREY ET DU JOURNAL DU PALAIS

Ancienne Maison L. LAROSE et FORCEL

22, rue Soufflot, PARIS, 5e Arrdt.

L. LAROSE et L. TENIN, Directeurs

1908

# LA FORME DU TESTAMENT PRIVÉ

## EN DROIT INTERNATIONAL

## LES LOIS OPPOSABLES A LA LOI DU LIEU DE L'ACTE

Par A. LAINÉ

Professeur à la Faculté de droit de l'Université de Paris.

De nombreuses questions, de nos jours, en France, ont surgi relativement au testament fait dans la forme privée. La raison en est dans le laconisme de l'article 999 du Code civil, ainsi conçu : « Un Français qui se trouvera en pays étranger pourra faire ses dispositions testamentaires par acte sous signature privée, ainsi qu'il est prescrit en l'article 970, ou par acte authentique, avec les formes usitées dans le lieu où cet acte sera passé ». Texte incomplet à l'égard du testament des Français en pays étranger; texte muet quant au testament des étrangers.

En ce qui concerne les Français testant en pays étranger, on s'est demandé : 1° s'il leur est permis de faire leur testament dans la forme privée locale, quand elle n'est pas celle du testament olographe et ne confère pas non plus à l'acte l'authenticité[1]; 2° s'il leur est permis de faire un testament qui, authentique d'après la loi locale, à raison de certaines solennités, bien que fait dans la forme privée, ne le serait pas d'après la loi française, parce que le Code civil ne reconnaît l'authenticité qu'au testament public[2]; 3° s'il leur est permis de faire un testament

---

(1) Oui, d'après un arrêt de la Cour de cassation, en date du 30 nov. 1831 (*Sirey*, 1832. 1. 32) — Non, d'après un jugement du tribunal de Lyon (*J. dr. int. pr.*, 1877, p. 149).

(2) Depuis un arrêt de la Cour de cassation, en date du 6 févr. 1843, (*Sirey*, 1843. 1. 209), l'affirmative est acquise en jurisprudence.

olographe, en y ajoutant, pour lui donner un caractère d'authenticité qui le rende valable dans le pays même où il est fait, certaines solennités prescrites par la loi locale[1].

Pour les étrangers, étant donné le silence de l'article 999, les difficultés ont été plus fréquentes. Je n'indiquerai que celles où furent en jeu les principes. On s'est demandé : 1° si un étranger, sujet d'un pays où le testament olographe est inconnu, peut, en France, faire son testament dans cette forme[2]; 2° si un étranger, sujet d'un pays où le testament olographe est non pas inconnu mais interdit, peut quand même en France faire un testament de cette sorte[3]; 3° si un étranger, faisant son testament dans la forme privée, peut le faire en France contrairement à la loi française, mais conformément à sa loi nationale ; 4° si le testament d'un étranger domicilié en France, testament olographe, mais fait en pays étranger et contraire tant à la loi locale qu'à la loi nationale du testateur, serait valable aux yeux de la justice française.

Mon intention n'est pas de discuter toutes les questions qui viennent d'être énumérées; car je me propose ici de rechercher et dégager les idées générales qui devraient être en la matière les idées directrices, et c'est au sujet du testament des étrangers que, dans le silence de notre Code, cette étude est surtout intéressante.

Il est même inutile d'insister sur le cas où le testament d'un étranger se trouve avoir été fait en France et conformément à la loi française. La fameuse règle « *Locus regit actum* » intervient alors et à bon droit pour valider l'acte, ainsi que l'ont décidé nos tribunaux. Le Tribunal de la Seine, il est vrai, s'est déclaré d'avis contraire à l'égard d'un testament olographe prohibé par

___

(1) Oui, a répondu la Cour de Paris, le 3 juin 1878 (*J. dr. int. pr.*, 1878, p. 613).

(2) Dans une affaire Quartin c. Morel d'Arleux et Rivain, le Tribunal de la Seine, la Cour de Paris et la Cour de cassation, cette dernière par arrêt du 25 août 1847, se sont unanimement prononcés pour l'affirmative (*Dalloz*, 1847, 1, p. 273). Dans le même sens, décisions postérieures; entre autres, jugement du Tribunal de la Seine, en date du 21 juill. 1883 (*J. dr. int. pr.*, 1884, p. 405); jugement du Tribunal de la Seine, en date du 19 nov. 1895 et Cour de Paris, 7 mai 1897 (*J. dr. int. pr.*, 1897, p. 816).

(3) Oui, d'après un arrêt de la Cour d'Orléans, en date du 3 août 1859 (*Dalloz*, 1859. 2. 158). — Non, d'après un jugement du Tribunal de la Seine, en date du 13 août 1903 (*J. dr. int. pr.*, 1904, p. 166).

la loi nationale du testateur ; mais il y a là une difficulté particulière, en dehors de l'objet du présent travail. C'est à propos
des deux dernières questions ci-dessus indiquées, d'un intérêt
actuel et non résolues encore, que je voudrais exposer une théorie, faite en partie d'éléments déjà connus, mais sur lesquels tout
n'a pas été dit, en partie de propositions nouvelles, qui méritent,
je le crois, d'être soumises à la critique.

Plusieurs fois déjà — qu'il me soit permis de le rappeler —
j'ai eu l'occasion d'étudier la forme du testament en droit international. Je me suis surtout préoccupé des précédents historiques, dont l'importance en cette matière est très grande. J'ai re-
cherché, en 1892, quel fut notre ancien droit, comment s'y in-
troduisit et se développa la maxime « *Locus regit actum* » [1]. Plus
tard, en 1905, j'ai de très près examiné les travaux préparatoires
du Code civil, qui aboutirent à trois applications de la règle,
mais à la suppression de la règle elle-même, je veux dire au
rejet de la formule qui traduisait l'ancien adage [2]. Entre temps,
à propos d'un article du projet de révision du Code civil belge
qui érigeait la compétence de la loi locale en principe de la matière, je n'ai pas seulement protesté contre cette idée, que l'on
présentait comme traditionnelle, en précisant le caractère de
l'ancien droit, j'ai pour la première fois émis l'opinion qu'au
règlement de la forme des actes en droit international privé devrait présider un autre principe [3]. Je reprends aujourd'hui ces
divers matériaux, tantôt en les résumant, tantôt avec de nou-
veaux développements, pour instituer sur le conflit des lois relatif à la forme du testament privé un débat plus général que n'ont
été jusqu'à présent des controverses morcelées et partielles. Je
me propose, en effet, de soutenir que la règle « *Locus regit actum* »
ne mérite pas en la matière la prépondérance qui lui est généralement reconnue et même qu'elle doit, comparée à d'autres
lois, descendre — en théorie, je ne dis pas dans la pratique —
au dernier rang ; que, d'abord, à la loi du lieu de l'acte la loi
nationale du testateur doit être préférée, lorsque le testateur, né-

----

(1) *Introduction au droit international privé*, t. II, p. 328-428.

(2) *La rédaction du Code civil et le sens de ses dispositions en matière de
droit international privé*, dans *Revue de droit international privé*, 1905, p. 21
et s., surtout p. 456-475. Ce travail a f.it l'objet d'un tirage à part.

(3) *Étude sur le titre préliminaire du projet de révision du Code civil belge*,
dans *Bull. soc. législ. comp.*, 1800, et tirage à part.

gligeant la première, a suivi la seconde; qu'ensuite la loi du domicile, dans un cas semblable, doit avoir la même valeur que la loi nationale; qu'enfin il doit suffire pour la validité du testament, quand même aucune de ces trois lois n'aurait été observée, qu'il soit conforme à la loi du tribunal.

# CHAPITRE PREMIER
### La loi du lieu de l'acte et la loi nationale.

La situation en vue de laquelle la loi du lieu de l'acte et la loi nationale du testateur seront d'abord opposées l'une à l'autre est celle qui, depuis un demi-siècle, s'est quatre fois présentée devant nos tribunaux : le testament d'un étranger, fait en France, est contraire à la loi française, conforme à la loi nationale du testateur.

Dans deux cas ce testament a été déclaré valable par des décisions demeurées définitives, qui sont : l'une, un jugement du Tribunal civil de Rouen, en date du 18 mai 1897, non soumis à l'appel [1]; l'autre, un jugement du Tribunal supérieur de Papeete (Iles sous le Vent), rendu le 22 septembre 1898, réformant le jugement contraire du tribunal de première instance [2].

Dans un troisième cas, déjà ancien, le testament, jugé valable par le Tribunal de la Seine, en 1851, fut déclaré nul, en 1852, par la Cour de Paris, dont la Chambre des requêtes, le 9 mars 1853, maintint l'arrêt, en rejetant le pourvoi [3].

Enfin, dans une quatrième affaire (Viditz c. Gesling), qui n'est pas encore terminée, le Tribunal de la Seine ayant, comme en 1851, affirmé la validité du testament, son jugement, en date du 28 juin 1895 [4], a été derechef infirmé par la Cour de Paris, le 2 décembre 1898, malgré les conclusions contraires de M. l'avocat général Jambois [5]. Puis, l'arrêt de la cour d'appel ayant été cassé, le 29 juillet 1901, par la Cour suprême, à raison de l'incapacité de la demanderesse et sans que la question concer-

---

(1) *J. dr. int. pr.*, 1899, p. 578.

(2) *J. dr. int. pr.*, 1899, p. 595.

(3) Voy. l'arrêt de la Cour d'appel et l'arrêt de la Chambre des requêtes dans *Dalloz*, 1853, I, p. 217.

(4) *J. dr. int. pr.*, 1895, p. 847.

(5) *Ibid.*, 1899, p. 584.

nant la forme du testament eût été touchée[1], la Cour d'Orléans, le 21 février 1904, a, comme la Cour de Paris, déclaré le testament nul [2]. Mais la Chambre des requêtes, le 12 juillet 1905[3], au rapport de M. le conseiller Letellier et sur les conclusions conformes de M. l'avocat général Feuilloley, n'a pas persisté dans sa jurisprudence antérieure; elle a prononcé l'admission du pourvoi. La question se trouve donc, à l'heure actuelle, soumise à la Chambre civile de la Cour suprême.

Dans ce dernier cas, comme dans les précédents, il s'agit du testament fait par un Anglais conformément à sa loi nationale, qui, au lieu du testament soit public, soit mystique, soit olographe, n'organise qu'un seul testament, mais lui reconnaît le caractère de testament authentique, en le soumettant aux formes suivantes : « il sera signé au pied ou à la fin par le testateur ou par quelque autre personne en sa présence et sous sa direction ; et cette signature sera faite ou reconnue par le testateur en la présence de deux ou de plus de deux témoins présents en même temps; et ces témoins attesteront et signeront le testament en la présence du testateur; mais aucune forme d'attestation ne sera nécessaire » [4].

Si l'on rassemble les raisons données par les Cours de cassation, de Paris et d'Orléans pour nier la validité du testament fait par un étranger suivant sa loi nationale, mais en France et contrairement à la loi française, on constate qu'elles se résument en l'affirmation catégorique de la règle « *Locus regit actum* », entendue comme imposant, sauf l'unique exception concernant les Français à l'étranger, l'obligation rigoureuse pour le testateur de se soumettre à la loi du lieu où il fait son testament, même au cas où il le fait dans la forme privée. Dans les arrêts de la Cour de Paris et de la Chambre des requêtes rendus en 1852 et 1853, l'affirmation s'énonce pure et simple et même, de la part

(1) *J. dr. int. pr.*, 1901, p. 971.

(2) *Ibid.*, 1904, p. 680.

(3) *Ibid.*, 1905, p. 1045.

(4) Traduction de l'article IX du statut de la reine Victoria du 3 juill. 1837, donnée en note sous le jugement précité du Tribunal de la Seine en date du 8 août 1844 et provenant d'un interprète juré, M. Maldala (*Dalloz*, 1847, I, p. 274). Comp. l'analyse et le commentaire du même texte dans un arrêt de la Cour de Paris en date du 26 févr. 1896, dont l'objet fut une reconnaissance d'enfant naturel faite en territoire anglais dans un testament (*J. dr. int. pr.*, 1897, p. 337 et suiv., spécialement, p. 342).

de la Chambre des requêtes, absolue, sans réserve aucune. Les arrêts des Cours de Paris et d'Orléans prononcés dans l'affaire Viditz c. Gesling sont plus explicitement motivés : l'affirmation, réitérée, se fonde sur l'ancien droit, sur notre droit positif actuel, interprété d'après les travaux préparatoires, et sur des considérations théoriques. C'est à ces trois points de vue qu'ils vont être discutés.

### I. — *L'ancien droit.*

Les Cours de cassation, de Paris et d'Orléans n'ont pas expressément affirmé que la maxime « *Locus regit actum* » impliquait dans notre ancien droit l'obligation, non pas seulement la faculté, de suivre la loi du lieu de l'acte, même en matière de testament fait en la forme privée. Mais c'est ce qu'elles ont voulu dire. La Chambre des requêtes a déclaré : « Il est de principe en droit international que la forme extérieure des actes est essentiellement soumise aux lois, aux usages et aux coutumes du pays où ils sont passés; le principe s'applique aux testaments olographes comme à tous autres actes publics ou privés ». La Cour de Paris, le 2 décembre 1898, alors que l'avocat général avait, avec Aubry et Rau, fait remonter la règle à l'ancien droit, l'a considérée comme un « principe de législation supérieur et incontesté ». La Cour d'Orléans, le 24 février 1901, a reproduit en ces termes la déclaration de la Chambre des requêtes : « Il est de principe dans le droit civil français que la forme du testament est essentiellement soumise aux lois du pays où il est passé. L'application de cette règle n'est point facultative ». En s'exprimant ainsi, les trois cours se sont implicitement prévalues de l'ancien droit. A quelle époque, sinon dans l'ancienne « Théorie des statuts », source du droit international privé, se serait établi ce principe « supérieur et incontesté »? D'ailleurs, tirer argument des travaux préparatoires, comme l'ont fait ensuite les Cours de Paris et d'Orléans, pour affirmer que le principe n'a pas été, lors de la rédaction du Code, abrogé, c'était bien se référer pour l'adoption du principe aux temps antérieurs.

Or, voici les enseignements qu'à ce sujet nous fournit l'ancien droit (1).

(1) Pour plus de détails et pour la justification des citations, V. Lainé, *Introduction au droit international privé*, II, p. 323-423.

A l'origine, c'est-à-dire au début du xiii° siècle, le conflit se produisit non pas, semble-t-il, pour le testament privé, mais à l'égard du testament public, auquel se réfèrent tous les textes. Il s'éleva entre le droit romain, considéré comme droit commun, ou la coutume du domicile du testateur, ou, s'il s'agissait d'un immeuble, la coutume du lieu de la situation, d'une part, et, d'autre part, la coutume du lieu où le testament avait été fait. L'hypothèse était celle où la coutume locale avait été suivie. La question envisagée était de savoir si le testament conforme à cette loi, mais contraire à l'une des trois autres, était valable, soit pour les juges du lieu où le testament avait été fait par un étranger, soit pour les juges du lieu où l'immeuble était situé, soit pour les juges du domicile du testateur.

L'opinion commune est que cette question fut résolue aussitôt que posée et résolue sans hésitation par l'affirmative, tant il semble naturel que chacun puisse pour son testament, surtout pour un testament public, celui dont il s'agissait, suivre la loi du lieu où il se trouve. C'est une bien grande erreur.

La controverse dura d'abord, tant en Italie qu'en France, pendant une centaine d'années. Ce fut seulement au xiv° siècle que, le grand jurisconsulte italien Bartole s'étant prononcé dans tous les cas pour la validité du testament, la discussion, en Italie du moins, fut close. Un seul auteur, semble-il, Fachinée, deux siècles après, critiqua l'opinion qui s'était formée et qu'il reconnut être unanime; il le fit d'ailleurs sans succès.

Acquise définitivement en Italie et pour tous les cas, la solution libérale du problème ne l'était pas encore entièrement en France. Elle se heurtait, là, au principe de la souveraineté des coutumes et par conséquent à leur stricte et absolue territorialité. L'étranger fut sans doute admis, dans le lieu même où son testament avait été fait, au bénéfice de la loi du lieu de l'acte, puisque la coutume était absolue dans l'étendue de son territoire. Mais le testament conforme à cette loi ne valait probablement pas au lieu du domicile du testateur. Et certainement, s'il s'agissait d'un héritage, il était, au lieu de la situation de l'immeuble, non avenu. Masuer, en effet, au xv° siècle, dans sa *Practique* traduite par Fontanon, déclarait que « toujours faut avoir égard à la coustume du lieu auquel les biens (les immeubles) sont situés et assis ». Cela tenait à ce que pour les immeubles la souveraineté de la coutume était empreinte d'un caractère féodal qui en rendait la territorialité particulièrement rigoureuse.

Au xvi* siècle, un nouvel effort, dû notamment à Chasseneux, Tiraqueau et surtout Dumoulin, fit pleinement adopter la doctrine de Bartole. Dans le texte même où Loisel inscrivit l'adage : « Les coutumes sont réelles », c'est-à-dire, quant aux immeubles et spécialement en matière de succession ou de testament, absolument territoriales, il le fit aussitôt suivre de cette restriction : « Il faut tester selon les formes du lieu où l'on teste ». A cette règle, tous les jurisconsultes français de la fin du xvi° siècle, hormis d'Argentré, et ceux du xvii° siècle, les Choppin, Charondas, Ricard, de Renusson, La Thaumassière, Basnage, donnèrent leur assentiment. La jurisprudence était en France d'accord avec la doctrine. Telle était aussi généralement la situation tant aux Pays-Bas qu'en Allemagne. C'est à cette époque, probablement, que se forma dans la pratique l'adage : « *Locus regit actum* », qui devait, en 1721, devant le Parlement de Paris, se produire au grand jour.

Cependant la règle qu'exprimait la maxime, à savoir qu'un testament conforme à la loi du lieu où il avait été fait devait être tenu pour valable, n'était pas encore, du moins dans sa lutte contre l'empire absolu de la loi de la situation, quand le testament portait sur un immeuble, définitivement victorieux. A la fin du xvi° siècle, le grand jurisconsulte français d'Argentré fondateur d'une « Théorie des statuts » contraire à celle de Bartole, s'était prononcé pour la souveraineté féodale et par conséquent pour la stricte et absolue territorialité des coutumes, en matière d'immeubles, avec une telle énergie que ses successeurs, non pas en France mais en Belgique, partisans de la même doctrine, y puisèrent un regain de résistance. Par eux inspiré, l'Édit perpétuel des archiducs Albert et Isabelle, en 1611, dans son article 13, déclara : « Si ès lieux de résidence des testateurs et de la situation de leurs biens y a diversité de coutumes pour le regard de ces dispositions de dernière volonté, nous ordonnons qu'en tant que touche la qualité desdits biens, si on en peut disposer, en quel âge et *avec quelle forme et solennité*, on suivra les coutumes et usages de ladite situation ». Mais, un testament ayant été annulé en vertu de cet édit, bien qu'il fût conforme à la loi du lieu de l'acte, des réclamations s'élevèrent et déterminèrent, en 1631, le Conseil privé des Provinces belges à donner une interprétation de l'Édit de laquelle résultait le retour à la règle déjà devenue traditionnelle.

Le triomphe de cette règle était désormais définitif. Mais alors des questions s'élevèrent sur le sens, la portée, le caractère qu'il fallait lui reconnaître, entre autres celle de savoir si elle impliquait seulement la faculté pour le testateur de faire son testament en un pays autre que celui de son domicile ou celui de la situation de l'immeuble légué, conformément à la loi locale, ou bien si cette faculté se doublait de l'obligation d'agir de la sorte, à peine de nullité du testament.

A l'égard du testament public, la réponse aurait dû être qu'en effet le testament devait, pour être valable, satisfaire aux prescriptions de la loi locale. Car les officiers publics d'un pays ne peuvent exercer leurs fonctions et dresser des actes réguliers qu'en observant les conditions que leur impose le pouvoir dont ils relèvent, et, si l'acte émané d'eux n'est pas correct eu égard à leur propre loi, la nullité en doit être partout reconnue. Cependant, chose étonnante, quelques auteurs seulement firent cette remarque. Au xvii° siècle, ce fut Ricard, qui voulant justifier une proposition aux termes de laquelle, en ce qui concerne les « solennités » d'un acte, « il faut seulement avoir égard à la coutume du lieu où l'acte a été passé », le fit en ces termes : « La solennité des actes n'a été introduite que pour leur donner une forme certaine et qui puisse faire loi à l'égard du public. Ce qui dépend de ceux entre les mains desquels l'acte est passé, *dont l'autorité et l'exercice sont attachés aux lois de leur pays*, parce que c'est à eux à certifier ceux des autres provinces où l'acte doit avoir son exécution qu'il a été fait avec liberté et que les parties ont fait les dispositions de la sorte qu'elles y sont énoncées ». Au xviii° siècle, Bouhier tint le même langage : « Comme la capacité des contractants dépend de la loi de leur domicile, la forme des actes et leur authenticité doivent dépendre de la loi de ceux qui en sont les maîtres en quelque manière *et qui sont obligés de suivre la loi du lieu de leur résidence* ».

Mais, en ce qui concerne le testament fait dans la forme privée, l'origine, la formation et la justification de la règle « *Locus regit actum* » auraient dû, si l'on y avait réfléchi et si l'on en avait tenu compte, être des raisons décisives de ne reconnaître à cette règle qu'un sens relatif et restreint, celui d'une simple permission, donnée par équité, tolérance et faveur. En effet, l'origine en avait été une pro'es.ation contre la trop grande rigueur du principe, à savoir l'empire absolu soit du droit romain, considéré comme droit commun, soit de la coutume du domicile, soit de la coutume du lieu de la situation de l'immeuble. Difficile et longue, ensuite, comme on vient de le voir, avait été la lutte entreprise au commencement du xiii° siècle, terminée seulement de manière complète en 1634. Et, quant aux raisons données pour justifier cette révolte de l'équité contre le droit strict, elles se résumèrent, aussi longtemps que dura la controverse, en des considérations de bienveillance, d'utilité, parfois même de nécessité et de justice, mais sans négation du droit. Sentiment que la validité de l'acte serait favorable à la fois au testateur et au légataire, concession faite aux légitimes besoins des personnes qui, hors de leur domicile ou du lieu de la situation de leurs biens, veulent exprimer leurs volontés dernières, absurde obligation où, sans ce tempérament à la rigueur du droit, se trouverait le testateur de faire autant de testaments ou d'observer pour le même testament autant de formes diverses qu'il aurait d'immeubles situés en différents pays, tels sont les motifs que l'on allègue, non pas pour établir un droit nouveau, mais pour introduire une exception aux principes. Ces motifs, à l'ordinaire sentis plutôt que formulés, sont néanmoins exprimés par quelques auteurs. Des romanistes, d'abord, comme Bartole, assujettis au droit qu'ils commentent et mus en même temps par l'esprit d'équité, les mêlent, çà et là, brièvement, à de mauvais arguments de textes. Plus tard, des juristes praticiens autant que théoriciens, conscients des exigences de la vie juridique et plus indépendants du droit romain, comme Philippe de Renusson, les affirment nettement et fermement.

Tous ces jurisconsultes, d'ailleurs, les yeux fixés sur l'hypothèse qui seule, pendant longtemps, concentra l'attention, celle où le testament avait été fait suivant la loi du lieu de l'acte et qui suscitait la question de savoir si le testament était valable, ne songèrent pas à l'hypothèse inverse et à la question contraire de savoir si le testament serait nul au cas d'inobservation de cette loi. Et c'est pourquoi leurs explications furent brèves. Mais voici deux auteurs hollandais du xvii° siècle, Rodenburgh et Jean Voet, dont le premier fit sur le conflit des lois un travail si important que notre Boullenois le prit comme base de son principal ouvrage, et dont l'autre fut un des grands jurisconsultes d'autrefois, qui virent, distinguèrent et traitèrent amplement les deux questions. Aussi leurs dissertations sur ce double point offrent-elles un très vif intérêt et précisent-elles bien le véritable caractère de la règle « *Locus regit actum* ». A ce titre, elles méritent, même dans un aperçu sommaire de l'ancien droit, d'être en grande partie rapportées.

Rodenburgh, s'expliquant au sujet du conflit qui s'élevait, pour le testament portant sur des immeubles, entre la *lex loci actûs* et la *lex rei sitûs*, après avoir insisté sur ce qui était à ses yeux le droit, c'est-à-dire l'observation de la *lex rei sitûs*, en vient à la justification du tempérament consistant à permettre l'usage de la *lex loci actûs* et s'exprime ainsi :

Pourquoi donc les docteurs et les tribunaux ont-ils reconnu la valeur extra-territoriale du testament conforme à la loi du pays où il a été fait ? C'est que l'on a jugé absurde d'obliger le testateur, soit à faire autant de testaments qu'il a de biens situés en divers lieux, soit à revêtir son testament de toutes les formes prescrites en chacun de ces pays. C'est aussi que par de telles exigences on eût enlevé aux mourants la liberté de tester : celui qui, appelé par ses affaires en pays étranger, serait tombé subitement malade, aurait été mis dans l'impossibilité de faire son testament ou de le modifier, par conséquent d'avoir des héritiers de son choix; car il n'aurait pu observer, aux approches de la mort, les prescriptions de toutes ces diverses lois locales. Il importe également, dès lors, à tous les hommes qui ont des biens situés en divers lieux que le testament régulièrement fait eu égard aux lois du pays où s'est trouvé le testateur conserve toute son efficacité. Par conséquent, il faut se rallier au sentiment qui s'est formé sous la pression d'une sorte de nécessité et qui répond à l'intérêt général.

Comme on le voit, Rodenburgh ne s'en tient pas, pour justifier la reconnaissance de la loi du lieu de l'acte et la validité du testament qui lui est conforme, à des considérations de convenance, d'utilité, de faveur; il va jusqu'à l'invocation d'une impérieuse justice. Mais, ce n'est pas à dire qu'il oublie le caractère exceptionnel, subsidiaire, de la règle. On le constatera plus loin. Dès maintenant, d'ailleurs, en même temps qu'il justifie cette règle éloquemment, il marque en termes exprès le titre auquel elle s'est introduite et fait accepter : ce titre, si légitime qu'il soit, c'est la faveur.

Sur ce dernier point, Jean Voet, quelque temps après, fut encore plus précis et catégorique :

« Si nous considérons le droit pur (*summum jus*), les magistrats d'un pays ne sont nullement tenus, quant aux biens situés sur leur territoire, de sanctionner

des dispositions conformes à la loi du lieu où elles ont été reçues, mais dépour-
vues des solennités requises par les statuts du lieu où les biens sont situés.
Cette solution repose sur les arguments mêmes qui ont été donnés tout à l'heure
à l'égard des statuts personnels... (1). Malgré ces principes, l'usage a prévalu de
tenir comme suffisante pour la validité d'un acte l'observation des formes prescrites par la loi du lieu où il a été passé; en sorte que l'acte reçu de cette manière s'étend aux meubles et aux immeubles, même situés hors des territoires où
les lois requièrent des solennités très différentes et beaucoup plus complètes.
Deux motifs l'ont fait admettre. D'une part, on a voulu soustraire les particuliers à la nécessité de multiplier leurs testaments ou leurs contrats à raison de la
situation de leurs biens et de la diversité des lois; on a voulu leur éviter de ce
chef des dommages, des embarras, des difficultés inextricables. D'autre part, on
a craint que nombre d'actes passés de bonne foi ne fussent invalidés trop facilement, sans qu'il y eût presque aucune faute imputable aux parties. En effet, les
praticiens les plus exercés et à plus forte raison ceux qui leur sont bien infé-
rieurs dans la science du droit ne connaissent pas assez, et c'est à peine si la
plus parfaite habileté ferait acquérir un tel savoir, quelles solennités sont requises en chaque lieu pour la formation des actes et quelles innovations ces solennités ont subies, ici ou là, d'un jour à l'autre. C'est pourquoi les Romains
avaient permis le testament militaire. C'est aussi ce qui, de nos jours, a conseillé
de ne pas imposer aux parties d'autres solennités que celles du lieu où elles se
trouvent. On a pensé qu'elles ignoreraient probablement les solennités prescrites dans les autres lieux et qu'elles ne trouveraient pas assez, facilement, là
où elles sont, des personnes mieux instruites qu'elles-mêmes des lois étrangères ;
attendu que les praticiens, avec l'assistance desquels se forment les contrats ou
se font les testaments, suffisamment versés, d'ordinaire, dans le droit de leur
pays, ne le sont pas de même dans les lois du monde entier. Souvent, d'ailleurs,
l'affaire dont il s'agit ne saurait souffrir le retard qui serait nécessaire... Telle
est la règle reçue chez les Belges, chez les Allemands, chez les Espagnols, chez
les Français et chez d'autres peuples encore ».

Ainsi Jean Voet reconnaît, lui aussi, que la règle, (non encore
exprimée dans les ouvrages des jurisconsultes par l'adage « *Locus
regit actum* »), est universellement admise. Mais avec quelle force
il en fait ressortir le caractère de concession purement gracieuse!
Pour lui, plus nettement encore que pour son prédécesseur et
compatriote Rodenburgh, elle déroge au droit, tout autres sont
les principes.

Rodenburgh et Jean Voet, après avoir dans ces termes ac-
cueilli la règle considérée comme impliquant l'octroi d'une

(1) Ici l'auteur, au moyen d'un exemple habilement choisi, démontre que le
droit pur, le *summum jus*, est conforme à la raison. Par là, il répond à Rodenburgh, qui paraissait l'avoir nié en qualifiant d'absurde la nécessité où se trouverait le testateur de faire autant de testaments ou d'observer pour le même testament autant de lois qu'il aurait d'immeubles situés en des pays différents.

faculté, comme validant l'acté fait conformément à la loi locale, examinent ensuite la question de savoir si elle s'oppose à la validité d'un testament contraire à la loi locale, mais conforme soit à la loi de la situation de l'immeuble légué, soit à la loi du domicile du testateur, soit au droit commun. Conséquents avec eux-mêmes, ils répondent : non, certes, ce serait contradictoire. Sur ce point, Rodenburgh, surtout, s'explique avec abondance et, par moments, avec une rare vigueur. Sa réponse est à rapporter tout entière.

Voilà pour le cas où l'on observe les solennités du lieu où l'acte est rédigé. Mais en est-il de même dans l'hypothèse inverse, où le testateur dispose au sujet d'un immeuble et fait son testament non pas en suivant la loi de son domicile ni celle du lieu où il se trouve, mais en se conformant à la loi du lieu où l'immeuble est situé ? La réponse n'est pas facile. Il en est qui reconnaissent aux sujets de ce lieu la faculté de tester ainsi, mais qui la refusent aux étrangers. Quant à moi, j'inclinerais plutôt à reconnaître sans distinction la validité du testament. Qu'importe, en effet, en cette matière la qualité de la personne ! Elle ne serait à considérer que si les statuts réglant les solennités étaient personnels ; oui, alors, le sujet de tel territoire en aurait le bénéfice, non l'étranger. Mais il est constant que ces statuts sont purement réels. Car quiconque, indigène ou étranger, veut aliéner un immeuble doit observer les solennités prescrites par la loi du territoire où l'immeuble est situé. Nous devons donc, pour décider la question, nous inspirer des raisons que nous avons tout à l'heure exposées. Or, avons-nous dit, quoique les testaments soient des modes de transmission des biens comme les aliénations entre vifs et par conséquent dussent être pareillement soumis à la loi du lieu où sont situés les biens, des motifs de nécessité et de suprême faveur ont fait admettre qu'il leur suffirait d'être rédigés suivant la loi du lieu où ils sont reçus. Eh bien, il suit de là que, si quelqu'un n'a pas voulu mettre à profit les facilités qui lui étaient accordées, peut-être parce qu'il lui était plus aisé encore d'exprimer ses dernières volontés dans la forme prescrite au lieu de la situation, je ne vois pas ce qui pourrait s'opposer à la validité de son testament, car *aucune raison de droit ni d'équité n'oblige à interpréter au détriment des hommes des mesures introduites dans leur intérêt ;* l'admission par voie complémentaire d'une seconde forme de tester n'entraîne pas la suppression du mode antérieur auquel on l'ajoute. Et c'est bien en ce sens que les Docteurs ont entendu attribuer compétence à la loi du lieu où le testament est rédigé ; ils ont ainsi voulu compléter par de nouvelles solennités celles qui existaient déjà à titre de solennités ordinaires, non pas les changer et les détruire.

Est-il possible de concevoir un langage plus clair, plus net, s'adaptant mieux à la pensée ? Et cette pensée n'est-elle pas aussi judicieuse que ferme ? La phrase que j'ai soulignée n'est-elle pas à la fois l'expression de la raison même et frappée comme une maxime ?

Rodenburgh avait incidemment réservé l'hypothèse d'un testament contraire à la *lex loci actûs*, mais conforme à la *lex domicilii*. Il semble l'avoir oubliée par la suite. Il eût sans doute également admis la validité du testament, comme le fit, au témoignage de Boullenois, un auteur du nom de Scholanus, en ces termes : « Si quelqu'un, dans son testament rédigé hors du lieu qu'il habite, s'est conformé aux lois de sa patrie, mais non à celles du lieu de la confection du testament, ce qu'il a fait ne sera pas nul. Car les solennités de l'acte n'appartiennent pas tant au lieu où il est passé qu'au lieu du domicile ».

Rodenburgh, d'ailleurs, après Balde, auteur italien du quatorzième siècle, qu'il cite, envisage le cas, devenu rare, où un testament serait fait suivant le droit romain dans un lieu où le testament doit être reçu par un notaire en présence de deux témoins, par exemple en Hollande. Et, d'accord avec certains jurisconsultes belges, il approuve la décision du jurisconsulte italien, en disant. : « La forme municipale de tester n'a pas été admise contre mais outre le droit commun; ce droit, n'ayant pas été abrogé, subsiste encore; la forme admise aujourd'hui comme plus simple ne fait que dispenser de la présence onéreuse et embarrassante de sept témoins, à laquelle chacun, s'il le juge à propos, peut s'assujettir ».

Rodenburgh fut donc, au sujet du rôle tout secondaire de la loi du lieu de l'acte, on ne peut plus explicite. Jean Voet, à cet égard, se prononça plus brièvement, mais avec non moins de force. Il n'en pouvait être autrement, d'ailleurs, après son énergique affirmation des principes. Supposant qu'une personne a négligé les solennités usitées dans le pays où elle se trouvait pour suivre celles qu'autorisait soit le statut de son domicile, soit le statut du lieu où le bien considéré dans l'acte était situé, il décide que l'acte est valable. Puisque toute personne, dit-il, est soumise à la fois aux autorités de son domicile et à celles du lieu de la situation des biens, comment ces autorités n'auraient-elles pas le droit de tenir pour correct l'acte passé conformément à leurs lois? L'exemple indiqué par l'auteur est celui d'un testament fait en Frise, relativement à des biens situés en Hollande, par un habitant d'Utrecht, en présence d'un notaire et de deux témoins, conformément aux statuts d'Utrecht et de Hollande, mais contrairement à la loi locale.

On remarquera que Rodenburgh et Voet poussent l'indiffé-

rence envers la loi du lieu de l'acte, quand cet acte est conforme
à la loi qui constitue le principe, jusqu'à permettre pour un acte
public l'inobservation des formalités exigées par la loi locale.
C'est passer la mesure, mais quelle preuve de la liberté qu'ils
laissent à l'égard de cette loi !

Cependant, il faut reconnaître que, parmi les auteurs qui
prirent garde, comme eux, à la question, plusieurs furent
d'un avis contraire et que leur opinion prévalut devant les
Cours.

Ce n'est pas, toutefois, qu'on le remarque bien, qu'il faille
ajouter à ces derniers tous ceux qui s'exprimèrent sur la compétence de la loi du lieu de l'acte en termes absolus. Lorsque, par
exemple, Rochus Curtius, au xv° siècle, s'autorisant de Bartole,
pose en règle générale que le juge *doit*, relativement à la forme
de l'acte, appliquer la loi du lieu où l'acte est passé ; lorsqu'au
siècle suivant Dumoulin déclare qu'au point de vue de la forme
« le sentiment de tous les docteurs est que les étrangers eux-
mêmes *sont assujettis (ligari)* à la loi locale, que *toujours on s'attache (semper inspicitur)* au statut ou à la coutume du lieu où
l'acte est célébré » ; lorsque Loisel, un peu plus tard, éditant et
corrigeant en même temps lui-même l'adage « Les coutumes
sont réelles », y ajoute : « Il *faut* tester suivant les formes du
lieu où l'on teste » ; lorsque Charondas le Caron déclare en termes généraux : « Si quelques actes se font en un pays, comme
les testaments, ils *doivent* être faits selon les solennités requises
par la coutume d'icelui » ; lorsque plus tard encore, au xvii° siècle, Ricard vient à dire : « S'agit-il de la solennité, il *faut seulement* avoir égard à la coutume du lieu où l'acte a été passé ; lorsqu'enfin Basnage, rapportant un procès qui fut jugé en 1635,
fait dire aux intéressés : « Étant une maxime générale que pour
la forme des testaments il *faut* suivre la coutume du lieu où
ils ont été reçus », ce qui est la traduction anticipée de l'adage :
« *Locus regit actum* » ; il serait inexact de prendre ce langage
à la lettre et d'en conclure que, dans la pensée de ces auteurs,
l'observation de la loi locale était obligatoire, même pour les
actes faits dans la forme privée. En effet, ou bien l'hypothèse
qu'ils ont en vue est manifestement celle où l'acte est conforme
à la loi locale, non pas celle où il lui est contraire, et la solution
qu'ils donnent est la validité, non pas la nullité, de l'acte ; ou

bien il s'agit d'actes publics; ou bien ces deux particularités sont réunies [1].

Il importe donc, si l'on veut classer avec certitude un auteur parmi ceux qui déclarèrent non seulement facultative, mais même obligatoire, l'observation de la loi du lieu de l'acte, faire grande attention tout à la fois à son langage et à l'espèce qu'il prévoit, examiner s'il est suffisamment explicite et s'il se place en vue d'un acte contraire à la loi locale et conforme à l'une des lois concurrentes, le seul cas où s'élève la question de savoir si l'observation de la loi du lieu de l'acte est obligatoire [2].

Or, que l'on observe ce critérium et l'on constatera qu'en somme les partisans déclarés du caractère impératif de la règle « *Locus regit actum* » ne furent pas nombreux.

Ce fut, au XVII⁰ siècle, le jurisconsulte allemand Hertius, disant : « La troisième règle est que, pour savoir quelle loi donne à l'acte sa forme, il faut considérer celle du lieu de l'acte, non celle du domicile ni celle du lieu de la situation de la chose ».

Ce fut aussi, à la même époque, le jurisconsulte hollandais Huber, qui, après avoir dit que les actes conformes à la loi du lieu où ils sont passés seront en tout lieu valables, ajoute : « A l'inverse, les actes passés en un certain lieu et contrairement aux lois de ce lieu, se trouvant nuls dès le principe, ne peuvent valoir nulle part ».

Mais on a vu que Jean Voet, fondateur avec Huber de la « Théorie des statuts » hollandaise, fut, sur ce point, d'un avis diamétralement opposé.

Quant à son père, Paul Voet, il enseigna, il est vrai, que la loi du lieu de l'acte devait l'emporter sur la loi du domicile, mais en admettant que l'acte conforme à celle-ci vaudrait, néanmoins, à titre exceptionnel, *ex æquo et bono*, au lieu même du domicile.

Les jurisconsultes français du XVIII⁰ siècle ne doivent pas, en ce qui concerne cette controverse, être indifféremment mis sur la même ligne. Ils ont une autorité bien inégale; car les uns firent une étude spéciale et personnelle du conflit des lois, tan-

(1) Voy. *Introduction au droit international privé*, II, p. 340, 344, 349, 350, 351.

(2) J'ai fait cette remarque dans l'*Introduction au droit international privé*, II, p. 399; mais il convient d'y insister davantage et de façon plus précise.

dis que les autres ne furent qu'un écho des premiers ou bien acceptèrent sans les contrôler certaines règles courantes.

Ceux-là même qui consacrèrent des ouvrages tout entiers à la « Théorie des statuts », Froland, Boullenois et Bouhier, n'eurent pas sur la question dont il s'agit des opinions concordantes ni d'une bien grande valeur. Cela tient à ce que cette question fût subordonnée pour eux à un autre problème, auquel ils attachaient beaucoup d'importance : le classement des lois concernant la forme des actes dans le statut réel ou dans le statut personnel. Cette recherche, d'ailleurs bien vaine, les entraîna à prendre parti de façons diverses et toujours par quelque côté contestables.

Froland dit bien, sans réserve :

Je sais que tous ceux qui se proposent de tester dans une province sont obligés, pour la validité de leurs dispositions, de garder les formalités prescrites par la coutume des lieux, soit qu'ils en soient habitants ou non... On peut voir sur cette matière la loi 2, C., *Quemadmodum testam. aperiant;* la loi *si fundus,* D., *De evict,...* Bartole,... Cynus,... Chopin, et une infinité d'autres qui tous attestent que, pour les solennités des testaments, l'usage est de ne suivre que la coutume des lieux où ils sont passés et non celles du domicile du testateur et de la situation des biens.

Mais c'est incidemment, au cours d'une discussion sur le point de savoir si les règles concernant la forme des actes sont des statuts mixtes, que ces affirmations sont émises. D'autre part, s'agit-il même des testaments faits dans la forme privée? Et d'ailleurs, citer sans discernement, à l'appui de ces affirmations, une série d'auteurs, depuis Bartole jusqu'aux modernes, c'est montrer que l'on ne connaît rien de l'histoire de la question, que l'on n'en saisit même pas le vrai sens.

Bouhier, au contraire, s'en rendit très bien compte et prit soin de distinguer le testament public et le testament fait dans la forme privée. Pour le premier, « le sentiment commun, dit-il, est qu'il faut suivre les formalités prescrites par la coutume du lieu où l'acte a été passé ». Pour le second, ce n'est nullement nécessaire; la règle est même toute autre; et, mettant en opposition les deux formes de testament, sachant aussi discerner l'évolution subie par le droit en cette matière, il dit : « Dans la règle étroite qui était suivie par les anciens docteurs, il faudrait que chacun fît son testament suivant la loi de sa patrie, quoiqu'il se trouvât en pays étranger. Si le contraire a prévalu, c'est parce qu'on a trouvé de grands inconvénients à obliger un testateur d'observer des formalités qui pourraient être inconnues aux officiers publics qui reçoivent leurs dispositions. Ainsi l'utilité publique l'a emporté sur la règle; mais, ce motif ne pouvant avoir lieu au cas dont il s'agit, nous retombons dans la règle dont je viens de parler ».

Cette règle est que le testament olographe doit être rattaché à la capacité du testateur et, comme elle, régi par la loi du domicile. C'est une doctrine diamétralement opposée à celle qui impose l'observation de la loi du lieu de l'acte. Elle sera discutée plus loin.

Boullenois, qui traita du conflit des lois dans trois ouvrages avec une attention de plus en plus scrupuleuse, eut sur la question des opinions successives.

Dans les *Démissions de biens*, qui furent son premier essai sur la matière, il justifia la validité du testament fait conformément à la loi locale au moyen de considérations analogues à celles de Rodenburgh et de Jean Voet, considérations qui auraient dû logiquement l'amener à ne voir en cette règle que l'octroi d'une simple faculté (1).

Pour d'autant mieux établir que c'est la loi du lieu où se passe l'acte qui décide des formalités qui ont dû être employées, on a coutume d'alléguer une raison tirée du bien et de l'utilité publique, qui est que les hommes étant obligés de se transporter en différents endroits, il a fallu leur faciliter les moyens d'agir, de contracter, de donner, de tester, et que souvent, ignorant les formalités requises en leur domicile et contractant dans des lieux où ces formalités ne sont pas plus connues, il a été nécessaire de n'exiger d'eux que les formalités dont ils peuvent se faire instruire par les officiers ou praticiens du lieu où l'acte se passe. D'ailleurs, s'il fallait suivre les formalités du domicile, il en résulterait que, lorsque deux personnes domiciliées en deux endroits contractent ensemble, il faudrait que l'acte fût fait selon les formalités des deux domiciles, ce qui ne servirait qu'à embarrasser et retarder les traités et conventions des hommes et rendre leurs actes exposés à mille questions litigieuses.

On remarquera que tout ce développement, qui tend simplement à expliquer pourquoi l'usage de la loi locale doit être permis, vient à la suite d'une formule impérative. C'est une nouvelle preuve de la vérité de l'observation faite précédemment, savoir que cette formule, à l'ordinaire, dans la pensée des au-

(1) V. Lainé, *Introduction...*, II, p. 413.

teurs, n'impliquait pas la nécessité d'obéir à la loi du lieu de l'acte. On remarquera, en outre, qu'ici les deux lois mises en parallèle sont la *lex domicilii* et la *lex loci actûs* et que l'observation de la première est présentée comme le principe, le recours à la seconde comme y dérogeant, grâce uniquement à des considérations d'équité, d'utilité, de faveur.

Tel fut le premier sentiment de Boullenois. Par la suite, après bien des hésitations, venant à classer la forme des actes parmi les statuts réels, il se crut par là même obligé de reconnaître à l'observation de la loi du lieu de l'acte un caractère obligatoire [1].

Enfin, quant au testament olographe, on le verra plus loin associer deux idées contradictoires : son propre sentiment, savoir que le testament olographe ressortit à la forme des actes et qu'en cette matière l'observation de la loi du lieu de l'acte s'impose; la doctrine de Ricard, adoptée par Bouhier, consistant à soustraire le testament olographe à la matière des formes, pour le rattacher au statut personnel du testateur.

De cette revue de la doctrine il résulte que, si la jurisprudence ne s'était pas nettement prononcée, il serait impossible de dire laquelle des deux opinions en présence, dans le dernier état de notre ancien droit, l'emportait sur l'autre. Mais les tribunaux prirent parti et décidèrent que, même pour le testament fait dans la forme privée, l'observation de la loi du lieu de l'acte était obligatoire. Le Parlement de Paris, surtout, se prononça plusieurs fois en ce sens. Un de ses arrêts, celui du 15 janvier 1721, rendu dans une importante affaire, demeura célèbre. C'est dans ce cas que se produisit au grand jour la maxime « *Locus regit actum* », jusque-là simple dicton populaire confiné dans la pratique. Et ce fut précisément cette maxime qui, au dire de Brillon, rapportant l'affaire dans son *Dictionnaire des arrêts*, détermina le Parlement à déclarer un testament nul, pour avoir été fait à Douai contrairement à la coutume de cette ville. Il s'agissait du testament d'un gouverneur de Douai, M. de Pommereuil, qui, ayant conservé son domicile à Paris, dont il était originaire, avait testé suivant la coutume du lieu où il était domicilié, c'est-à-dire dans la forme olographe [2].

(1) V. Lainé, *Introduction...*, II, p. 376, 377.
(2) *Ibidem*, p. 418.

Comment expliquer cet événement? L'opinion qui triomphait ainsi s'appuyait-elle sur des raisons décisives? On verra plus loin quelles étaient ces raisons, combien elles étaient faibles, à quel point, plutôt, elles étaient vides. Non, ce succès fut celui d'une formule. Nombreuses, dans l'ancienne « Théorie des statuts », furent les erreurs de cette sorte et le Droit international privé, de nos jours encore, en subit les conséquences.

Le lent travail de la coutume aboutit à des formules simples, générales, absolues, par lesquelles s'expriment, en des matières complexes et touffues, certaines vérités relatives. A l'époque où s'élaborent ces formules, on en connaît peut-être le sens véritable et restreint. Mais on l'oublie, dès qu'elles se sont fait définitivement admettre, parce que désormais on les applique sans chercher à s'en rendre compte, sans distinguer parmi les idées diverses qu'elles couvrent de leur unité celles dont elles sont l'expression fidèle, exacte, et celles auxquelles, malgré des apparences trompeuses, elles ne conviennent vraiment pas. C'est ainsi, par exemple, que la maxime « *Les coutumes sont réelles* », inventée pour dire que les immeubles transmis par voie de dévolution successorale ou de testament sont, à ce point de vue, régis par la loi du lieu de leur situation, loi strictement et absolument territoriale, fut appliquée, par la suite, à la capacité de tester ou plus généralement d'aliéner, à la forme du testament, au régime matrimonial, etc. C'est ainsi encore que la maxime « *Mobilia sequuntur personam* », signifiant uniquement que les meubles d'une succession sont régis par la loi du dernier domicile du défunt, s'étendit néanmoins à tous les meubles, même individuellement envisagés, et que, tandis qu'elle répondait à l'idée que les meubles du défunt doivent être considérés comme situés au lieu de son domicile, elle fut cependant prise à la lettre par nombre d'auteurs et pour eux traduisit une sorte d'incorporation des meubles à la personne de leur propriétaire.

Eh bien, de même, en ce qui concerne la forme du testament, on se demande simplement, au début, si l'acte régulier d'après la coutume du lieu où il a été fait doit être validé, bien qu'il soit contraire soit au droit commun, soit à la loi du domicile du testateur, soit à la loi de la situation de l'immeuble légué. C'est uniquement dans ce cas qu'un besoin social se fait sentir, celui de tempérer la rigueur de la règle par une exception favorable. Une lutte, à cet effet, s'engage. Les partisans de l'exception, pour l'affirmer avec toute l'énergie possible, s'expriment en termes impératifs, absolus, qui vont au delà de leur pensée. Voulant dire qu'il convient de prendre en considération la loi locale, ils disent que c'est elle qu'il faut considérer ; voulant dire qu'on peut suivre cette loi, ils disent qu'on doit la suivre. Leur but, cependant, n'est pas autre que d'obtenir que l'acte ainsi fait soit par faveur accepté, comme s'il était conforme au droit. Leur langage, si l'on réfléchit, n'autorise pas à s'y méprendre, puisque telle est, très modérée, après des affirmations excessives, leur conclusion formelle. Ils ont donc atteint le but, sans le dépasser ; en faisant admettre l'exception, ils ont laissé subsister la règle. Mais, par la suite, à ceux qui, le combat terminé, recueillent les fruits de la victoire, la réflexion fait défaut ; c'est l'influence et la logique des mots qui les déterminent : puisque l'on doit se conformer à la loi locale, c'est que, si l'on ne s'y conforme pas, l'acte sera nul ; il n'y a donc pas à tenir compte du droit commun, ni de la loi du domicile, ni de la loi de la situation de l'immeuble. On ne modère plus la règle, on la supprime, on lui substitue l'exception (1). C'est d'ailleurs bien involontairement que l'on accomplit cette révolution ; car on n'en a même pas conscience. Au reste, l'erreur où l'on est tombé s'explique aussi par la confusion que tous ont commise, en unissant et traitant de la même manière les actes publics et les actes privés : ce qui était vrai pour les uns s'est faussement communiqué aux autres. L'erreur n'en est pas moins énorme ; une règle

(1) Le même processus — chose bien remarquable — s'est produit d'une décision à l'autre dans notre moderne jurisprudence. Le Tribunal de la Seine, le 8 août 1844, avait dit qu' « il est généralement admis comme droit international que la forme des actes est essentiellement soumise aux lois, aux usages et coutumes du pays où ils sont passés, que ce principe, commandé par la seule force des choses, est d'une application absolue ». De telles affirmations, dans l'espèce, n'étaient nullement nécessaires ; car il s'agissait d'un testament fait en France dans la forme olographe, que le tribunal déclarait valable. Mais elles impliquaient que, si le testament avait été contraire à la loi française, il aurait dû être déclaré nul. A la vérité, le même Tribunal de la Seine, en dépit de cette proclamation de principes antérieure, dont il ne fut pas dupe, refusa, le 30 juillet 1851, d'annuler un testament fait en France contrairement à la loi française. Mais, dans cette seconde affaire, la Cour de cassation, le 9 mars 1853, s'est emparée des termes mêmes du jugement de 1844 pour prononcer la nullité du testament. Comme autrefois, les mots ont fait leur office : ils ont par leur exagération dénaturé l'idée, conduit au delà du but, fait verser dans l'erreur.

exceptionnelle, à ce titre bienfaisante, a supplanté la règle principale et, restée seule, s'est faite oppressive et nuisible.

Voilà donc en quoi consistait le dernier état de notre ancien droit. Si, d'après un certain nombre d'auteurs et la jurisprudence, le testament privé devait, comme le testament public, être conforme à la loi du lieu où il était fait, sous peine de nullité, la cause en était dans une méprise : le prestige et la tyrannie des mots, l'irréflexion, l'inadvertance avaient fait commettre une sorte de contre-sens juridique. Cet entraînement des esprits, d'ailleurs, avait suscité des protestations très vives, notamment celles de Bouhier et de Boullenois, que les arrêts du Parlement de Paris n'avaient pas fait taire (1).

On voit par là combien il est téméraire d'affirmer que la règle « *Locus regit actum* », entendue comme ayant un caractère impératif, était, autrefois, un « principe supérieur et incon-

(1) Parmi les auteurs qui ont eu connaissance de l'histoire de la règle « *Locus regit actum* » exposée dans mon *Introduction au droit international privé*, dont le présent travail ne reproduit que la substance, M. Albéric Rolin n'a pas admis mes conclusions, M. E. Naquet, au contraire, s'y est pleinement associé. M. Albéric Rolin (*Principes du droit international privé*, II, p. 405) m'objecte qu'au point de vue de l'esprit du Code civil, c'est l'ancien droit français qu'il faut consulter, non pas les dires de jurisconsultes appartenant aux Pays-Bas. Je réponds à cela que la « Théorie des statuts » proprement hollandaise conduisait plutôt à exiger l'observation stricte de la loi du lieu de l'acte et qu'effectivement ce fut en ce sens qu'Huber se prononça de la façon la plus catégorique. Jean Voet fit donc, en cette matière, abstraction de la doctrine hollandaise en combattant cette exigence. Quant à Rodenburgh, bien qu'il fût aussi un jurisconsulte des Pays-Bas, il appartient, comme nombre de ses compatriotes, en ce qui concerne l'histoire de la « Théorie des statuts », à l'école française. Il fut un disciple de notre d'Argentré et pour notre Boullenois un maître. L'historien peut donc à juste titre le compter parmi les témoins les plus importants de notre ancien droit quant à la forme du testament. — M. E. Naquet, ancien procureur général près la Cour d'Aix, dans une étude intitulée : « *La règle* Locus REGIT ACTUM *est-elle impérative ou facultative* » ?, étude insérée au *Journal de droit international privé*, 1904, p. 39 et s., s'est en grande partie fondé sur les documents que j'avais fait connaître pour soutenir que le triomphe du caractère obligatoire de la règle fut fort disputé, qu'il tint à l'influence des mots et qu' « il n'y en a pas d'explication rationnelle possible ». Aussi conclut-il que, « si l'on doit tenir grand compte de la tradition, lorsqu'elle exprime une vérité juridique, lorsqu'elle s'adapte aux nécessités sociales et se plie à l'évolution des mœurs, il en est tout autrement lorsqu'elle dérive simplement de la traduction inexacte d'une formule et aboutit à des solutions que condamne le bon sens le plus élémentaire ».

testé ». M. l'avocat général Jambois, dans ses conclusions devant la Cour de Paris, a fait à cette opinion des concessions excessives.

« Il n'est pas douteux, a-t-il dit, que la règle « *Locus regit actum* » a été jusqu'ici, pour ainsi dire, considérée comme un article de foi du *Credo* du droit français ». De l'étude qui précède il résulte qu'avant la rédaction du Code les « croyants », sur ce point, n'étaient pas bien nombreux. Bientôt on verra que, lors de la rédaction du Code, cet « article de foi » ne fut pas décrété par notre législateur. Enfin, l'examen des raisons alléguées à l'appui de ce prétendu principe montrera qu'à cet égard la « croyance » n'est qu'un préjugé.

Plus loin : « La nullité du testament contraire à la loi du lieu de l'acte a triomphé avec Pothier et, dès ce moment, la vieille jurisprudence se fixe dans ce sens ». Pothier n'eut aucune autorité près du Parlement de Paris lorsque fut rendue la plus importante des décisions qui consacrèrent le caractère impératif de la règle « *Locus regit actum* », l'arrêt du 15 janvier 1721; ses ouvrages n'existaient pas encore. Pothier, d'ailleurs, n'eut point d'autorité propre relativement au conflit des lois, sur lequel il ne fit pas une étude personnelle : ses opinions, lorsqu'il touche à cette matière, signifient seulement qu'il adhère à quelque doctrine généralement admise. Ici, même, il ne s'est pas formellement prononcé. A propos du testament olographe, se demandant si parmi les lois fort diverses qui le concernent, il faut suivre celle du domicile du testateur ou celle du lieu où le testament a été écrit, après avoir exposé tour à tour, brièvement d'ailleurs, les motifs de chacune des deux opinions, il se borne à dire : « Ce dernier sentiment (celui d'après lequel l'observation de la loi du lieu de l'acte est nécessaire) paraît autorisé par un arrêt du 14 juillet 1722... qui a déclaré nul un testament olographe fait en Italie (1) ».

Furgole, plutôt que Pothier, pourrait être considéré comme l'un des jurisconsultes français qui, au xviii° siècle, affirmèrent le caractère impératif de la règle « *Locus regit actum* ». Encore le fit-il pour combattre l'opinion de Ricard, excessive en sens inverse, qui consistait à placer le testament olographe dans le statut personnel et supprimait radicalement pour cette sorte de testament la règle. Ce fut à ce point de vue surtout que Furgole

_______

(1) Pothier, *Donations testamentaires*, ch. 1, art. 2, § 1.

protesta contre l'erreur dans laquelle était tombé Ricard [1].

Après Pothier, c'est de Merlin que M. l'avocat général Jambois s'autorise pour étayer son sentiment que, jusqu'en 1898, la règle « *Locus regit actum* » a passé pour un « article de foi ». « Dans le droit nouveau, dit-il, le principe s'affirme d'abord avec éclat. Merlin, notamment, n'hésite pas à le proclamer ». Et voici le passage qu'il rapporte du célèbre auteur : « A l'égard de la forme du testament (olographe), elle se règle par la loi et la coutume du lieu où on dispose. Il est inutile de rappeler les querelles qui se sont élevées sur ce point entre les docteurs; il y a déjà plusieurs siècles qu'elles sont finies et que tout le monde convient unanimement que la forme de tester dépend du statut ou de la coutume du lieu où l'on teste. La règle « *Locus regit actum* » est générale [2] ». Mais ce passage prouve simplement que, si Merlin fut de cet avis, il le motiva légèrement, sans assez réfléchir. Dans ce passage, en effet, Merlin commet une des nombreuses inexactitudes qui peuvent être reprochées aux opinions qu'il émit en matière de conflit de lois. Il n'y avait pas plusieurs siècles que les querelles concernant la règle « *Locus regit actum* » étaient finies et remplacées par une doctrine unanime, puisque la publication du *Traité de la personnalité et de la réalité des lois* ne remontait qu'à 1766 et que cet ouvrage, rapproché des *Observations sur la coutume du duché de Bourgogne*, à peu près contemporain, nous montre Boullenois tantôt en désaccord avec Bouhier, tantôt essayant de concilier avec ses propres idées celles de Ricard énergiquement soutenues par Bouhier. De plus, on vient de constater qu'il n'est pas inutile de rappeler les anciennes querelles, puisqu'elles servent à nous éclairer sur le véritable sens d'une règle énigmatique. Au reste, Merlin lui-même reconnut que la règle à laquelle il donna son adhésion n'était pas un principe intangible, « supérieur et incontesté ». M. l'avocat général Jambois rapporte de lui cet autre passage, puisé dans un de ses réquisitoires: « Tout se réduit donc à savoir si la règle « *Locus regit actum* » est fondée sur quelque loi ou si elle n'a pour appui que des opinions plus ou moins uniformes d'auteurs et une jurisprudence plus ou moins constante d'arrêts; car si aucune loi ne l'a consacrée, il est évident que la Cour d'appel

---

(1) Furgole, *Testament*, ch. 2, sect. 2, n° 22.
(2) Merlin, *Rép.*, v° *Testament*, sect. 2, § 4, art. 2.

de Liège a pu la méconnaître impunément, et que le jugement de cette cour ne peut être annulé pour avoir préféré aux auteurs et aux arrêts qui la sanctionnent les auteurs et les arrêts qui la combattent ». A quoi j'ajoute encore ces lignes : « On ne peut cependant se dissimuler, comme je le disais dans les conclusions du 28 ventôse an XIII, que l'opinion contraire (à celle de Pothier) ne fût assez plausible pour mettre à l'abri de la cassation les arrêts qui auraient pu l'adopter (1) ».

Tel était, sur la forme du testament en général et spécialement sur celle du testament olographe, notre ancien droit. J'y ai longuement insisté parce que là se trouvent l'origine, l'évolution, la formation en un double sens, l'un vrai, l'autre faux, de la règle dont il s'agit maintenant de suivre la destinée dans notre droit actuel.

## II. — *Le droit actuel.*

La maxime « *Locus regit actum* » entendue comme imposant, ne permettant pas seulement, l'observation de la loi du lieu de l'acte, avait été consacrée, dans le dernier état de notre ancien droit, par la jurisprudence. On vient de voir que, d'ailleurs, ce n'avait pas été sans une opposition très vive. S'est-elle implantée dans notre droit actuel ? Est-ce maintenant, sinon autrefois, que l'on peut en dire qu'elle est « un principe supérieur et incontesté ? » C'est aux travaux préparatoires du Code civil qu'il faut demander la réponse (2).

Voici ce que l'on y constate au premier abord. Le projet de l'an VIII contenait au titre IV de son Livre préliminaire, parmi les dispositions relatives au conflit de la loi française avec les lois étrangères, un article 6 ainsi conçu : « La forme des actes est réglée par les lois du lieu dans lequel ils sont faits ou passés ». On trouvait en outre, dans le même projet, trois applications de ce principe : l'une pour les actes de l'état civil, la seconde pour le mariage, la troisième pour les donations et les testaments. Ces trois applications furent maintenues et sont l'objet des arti-

---

(1) *Répertoire*, t. 17, p. 540, édition de Paris, 1827.

(2) Sur ce point, pour les détails et la justification des citations, Voy. Lainé, *La rédaction du Code civil et le sens de ses dispositions en matière de droit international privé*, dans *Rev. de dr. int. pr.*, 1905, p. 456-475.

cles 47, 170 et 999 du Code civil. Mais l'article édictant la règle générale, en dernier lieu, fut abandonné.

Que faut-il en conclure?

Un auteur[1], bien avant l'affaire Viditz c. Gesling, avait émis l'avis que « cet article a été supprimé non comme formulant une règle dont notre législateur voulut se départir, mais comme exprimant, au contraire, un principe qui n'avait jamais été contesté et qu'il était par conséquent inutile d'écrire ». C'est cette opinion que la Cour de Paris s'est appropriée. « Il ressort, a-t-elle dit, des travaux préparatoires du Code civil que la règle « *Locus regit actum* » n'a point été abrogée; que, si elle n'a point été expressément formulée dans les articles préliminaires, c'est qu'il a paru inutile de rappeler un principe supérieur et incontesté; que son application n'est point facultative pour les tribunaux, mais doit être considérée comme d'ordre public ».

D'après cela, non seulement le principe n'aurait jamais été antérieurement contesté, ce qui est inexact, tout ce qui vient d'être dit le démontre péremptoirement, mais, lors des travaux préparatoires, il ne l'aurait pas été davantage. Or, c'est également ment erroné, comme on va s'en convaincre. On va voir que la maxime « *Locus regit actum* », traduite et proposée à l'adoption du Corps législatif dans l'article 6 du Livre préliminaire, fut repoussée, parce qu'elle fut jugée trop absolue et dangereuse. On va voir en outre que, l'eût-on acceptée, c'eût été avec le sens d'une règle dont l'application serait simplement facultative. En sorte que la double affirmation de la Cour de Paris, loin de trouver un appui dans les travaux préparatoires, y est contredite.

En premier lieu, l'article 6 du titre IV du Livre préliminaire du projet de l'an VIII, devenu par la suite, avec un léger changement[2], l'article 5, puis l'article 4 du projet de loi sur la publication, les effets et l'application des lois en général, ne fut supprimé, tardivement d'ailleurs, qu'après avoir essuyé de nombreuses critiques: les unes peu sérieuses; les autres fondées; toutes suscitées par le caractère absolu, vague, indéfini, de la formule qui traduisait la maxime « *Locus regit actum* », en la

_______________

(1) Mimerel, dans *Revue critique*, t. 3, p. 842.

(2) « La forme des actes est réglée par les lois du *pays* dans lequel ils sont faits ou passés ».

précisant un peu, mais de façon tout à fait insuffisante et sans la dépouiller de l'aspect ambigu, inquiétant, dont elle était revêtue.

Au Conseil d'État, Rœderer lui reprocha d'impliquer l'empiétement du législateur français sur le domaine des législateurs étrangers, l'extension illégitime de son pouvoir hors de France. Il proposa d'y substituer celle-ci : « Les actes faits par des Français en pays étranger sont valables, lorsqu'ils sont faits dans la forme prescrite par les lois du pays où ils sont passés ». La critique était sans valeur, mais le nouveau texte, bien plus clair et moins ambitieux que celui du projet, méritait l'attention. Le Conseil d'État, s'il l'eût admis de préférence au sien, l'eût peut-être fait adopter par le Corps législatif. Ayant maintenu sa première formule, il rencontra, au Tribunat, la plus vive résistance.

Au début, dans le rapport qu'il fit à cette Assemblée, le 12 frimaire an X, Andrieux dit ceci : « C'est une maxime de droit qui n'a jamais été contestée (assertion bien inexacte, comme on vient de le voir). Mais la rédaction pourrait, ce semble, être meilleure. Que dit la lettre de l'article, tel qu'il est conçu? Rien autre chose que, dans chaque pays, on suit, pour la forme des actes, les lois du pays ».

Puis, le tribun Chazal : « Cet article laisse d'abord à désirer une explication... S'il ne s'agit, ainsi qu'on l'expose, et qu'on aurait dû l'exprimer avec plus de clarté, que des actes passés en pays étrangers, l'article n'est qu'une déclaration, une reconnaissance formelle du droit des gens, érigée en règle générale; mais cette règle générale a, comme toutes les autres, ses exceptions, dont il fallait l'accompagner, et dont on n'a pas pu la séparer sans danger. Par exemple, de ce que les actes passés en pays étrangers sont soumis aux formes prescrites par les lois de ce pays, validez-vous l'acte de mariage qu'un Français mineur irait faire exprès, sans le consentement de son père, dans les pays italiques régis par le concile de Trente, qui dispense de ce consentement et anathématise même quiconque ose l'exiger? »

Puis, le tribun Costé : « Si cette disposition s'applique à tous les pays, elle exige tant de développements que, considérée isolément et telle qu'elle est présentée, elle est plus dangereuse qu'utile... Chacun donnera à cet article l'extension qui lui sera favorable, précisément à cause du vague qu'il contient ».

Quelques jours après, le 23 frimaire an X, Andrieux, présentant au Corps législatif le vœu du Tribunat, qui tendait au rejet du projet où se trouvaient les articles 3 et 4, critiquait ainsi ces dispositions : « Ce sont des règles générales de jurisprudence, qu'il est très dangereux de vouloir convertir en articles de lois, parce qu'elles sont sujettes à de fréquentes exceptions, parce qu'elles deviendraient fertiles en applications fausses, en conséquences funestes ».

Et Thiessé, autre membre du Tribunal :

« Les maximes posées à la suite sont dangereuses par leur fausseté, par l'abus qu'on en fera et par l'absence des exceptions dont elles seraient susceptibles et qui ne sont pas encore posées ».

Comme on le voit, les reproches adressés à la maxime « *Locus regit actum* », bien que, traduite en français, elle fût devenue plus explicite, étaient allés croissant en vivacité et vraiment aussi en force : vague, obscure, générale, ne se prêtant ni aux distinctions ni aux tempéraments nécessaires, se prêtant trop, au contraire, aux « applications fausses » et aux « abus », cette disposition, qui renfermait une vérité reconnue de tous, était néanmoins tenue pour inacceptable. Des jurisconsultes plus profondément versés dans l'histoire auraient élevé contre elle des objections plus précises et notamment auraient protesté contre l'absolu de termes donnant à croire qu'elle exprimait une injonction catégorique, alors que sa raison d'être en faisait une simple mesure de faveur. Mais, si les membres du Tribunat dont les paroles viennent d'être rapportées ne voyaient pas nettement les dangers de cette règle énigmatique, ils en avaient à un haut degré le sentiment. Une vague mais vive appréhension, provenant de ce qu'elle avait à la fois d'impératif et d'indéfini, tel était le commun mobile de toutes les critiques.

Cependant, peu s'en fallut qu'elle ne fût en définitive acceptée. Lorsque, le Corps législatif ayant repoussé le premier projet de loi, le système de la communication officielle eut été institué, l'article 4 ne rencontra plus de la part du Tribunat la même résistance. Transmis, sans changement, à la section de législation de cette Assemblée, il y fut voté le 20 messidor an X. Il a, néanmoins, au dernier moment, disparu. A la suite d'une conférence de la section de législation du Tribunat avec la section de législation du Conseil d'État « à l'effet de s'entendre sur les changements que le Tribunal proposait de faire subir au projet », Portalis, le 22 vendémiaire an XI, soumit au Conseil d'État et lui fit adopter, sans discussion, une rédaction du projet où l'article 4 relatif à la forme des actes était remplacé par l'article 4 actuel, dont l'objet est tout autre. Il est vraisemblable ou pour mieux dire à peu près certain que, dans la conférence des deux sections, les délégués du Tribunal revinrent sur l'assentiment que la section de législation de cette Assemblée venait de donner, rappelèrent les défauts de l'article proposé par le Conseil d'État et, finalement, au prix peut-être de concessions faites sur d'autres points, obtinrent l'abandon pur et simple de la formule incriminée.

Est-ce à dire que la part de vérité contenue dans la maxime « *Locus regit actum* » ait elle-même été répudiée? Telle paraît avoir été la pensée du Tribunal de Rouen lorsque, dans son jugement du 22 juillet 1896, il a dit que « le législateur a clairement manifesté la volonté d'exclure de nos lois l'ancienne règle en tant que règle générale et que cela résulte des travaux préparatoires ». Mais ce serait une autre erreur. Non seulement, ainsi que le tribunal a dû le reconnaître, les articles 47, 170 et 999 du Code civil sont des applications de la règle entendue comme facultative, mais, au cours du débat, les adversaires ont été d'accord pour en proclamer, en ce sens, la légitime existence. On a repoussé et fait supprimer la formule; mais la règle elle-même, dégagée des termes qui la rendaient équivoque et l'exposaient à être dénaturée, la règle, ramenée à son véritable sens, a été tacitement maintenue.

On l'a maintenue telle que le Gouvernement et le Conseil d'État l'avaient eux-mêmes proposée. Car jamais ils n'eurent la pensée d'y attacher le caractère d'une injonction catégorique. On a vu que le conseiller Rœderer, critiquant l'article où il était dit « la forme des actes est réglée par les lois du pays dans lequel ils sont faits ou passés », fut d'avis qu'il conviendrait d'y substituer cette rédaction : « les actes faits par des Français en pays étranger sont valables, lorsqu'ils sont faits dans la forme prescrite par les lois du pays où ils sont passés ». N'était-ce pas dire que les Français auraient la permission de recourir à la loi locale, sans y être obligés? Mais il y a mieux. Portalis, dans son premier exposé des motifs concernant le titre préliminaire, en justifiait ainsi l'article 4 : « De nos jours, les hommes ne sont pas toujours dans le même lieu; les communications commerciales et industrielles sont multipliées et rapides; il nous a paru nécessaire de rassurer le commerce, en lui garantissant la validité des actes dans lesquels on s'était conformé aux formes reçues dans les divers pays où ces actes pouvaient être faits ou passés ». Est-ce que parler ainsi, ce n'était pas s'inspirer du même sentiment d'équité, de tolérance, de faveur, qui, du XIIIᵉ au XVIIIᵉ siècle, avait déterminé tant de jurisconsultes à lutter pour l'adoption d'un tempérament aux règles générales, non pas pour faire supprimer ces règles elles-mêmes? Que l'on rapproche ce langage de celui que tint Boullenois lorsqu'il exprima ses premières vues sur la forme des actes (1); il est identique.

Tel est le système auquel s'est arrêté le législateur de 1804. L'article 999 en est une application formelle au testament des Français en pays étranger. Maintenant, que faut-il conclure de cette disposition pour le testament fait en France par un étranger dans la forme privée autorisée par sa loi nationale, mais n'offrant pas les caractères du testament olographe? A ce sujet, deux interprétations de l'article 999 ont été présentées. Quelques-uns ont dit : le principe « *Locus regit actum* » y est proclamé; ce principe, il est vrai, reçoit en même temps une exception, mais à l'égard des Français seuls; pour les étrangers, la règle est absolue. C'est ainsi qu'ont raisonné les Cours de Paris et d'Orléans (2). Mais, à juste titre, un raisonnement tout contraire leur est opposé par la grande majorité des auteurs. L'article 999, disent-ils, reconnaît, avant tout, au testateur le droit d'observer sa loi nationale; il lui permet, en outre, d'user des formes autorisées par la loi du lieu de l'acte, et encore, si le texte est pris à la lettre, à la condition que son testament soit authentique. Tel étant le système établi pour les Français, ce qui s'en dégage, à l'égard des étrangers, c'est l'idée présentée la première, à savoir que le testament fait par une personne suivant sa loi nationale est valable en France.

Les Cours de Paris et d'Orléans, s'imaginant, à tort d'ailleurs, que le Tribunal de la Seine avait invoqué le principe de la

_________

(1) Se reporter ci-dessus, p. 18.
(2) V. aussi Alb. Rolin, *Principes de dr. int. pr.*, t. II, p. 405 et s.

réciprocité, se sont appliquées à montrer que ce principe n'est pas en cause. La Cour d'Orléans, surtout, s'est à cet égard exprimée dans les termes les plus explicites, les suivants : « L'article 999 ne suppose nullement, ainsi que semble le croire le jugement, que le testament olographe fait à l'étranger par un Français devrait nécessairement s'imposer au tribunal étranger appelé à en connaître. Au contraire, le testament, tout en étant valable en France, aux termes de l'article 999, pourrait parfaitement être déclaré nul et ne produire aucun effet dans le pays où il a été fait. L'article 999, interprété juridiquement, ne permet donc pas d'invoquer une prétendue réciprocité qui n'existe pas ».

C'est vrai. Mais il n'est nullement nécessaire de faire intervenir ici le principe de la réciprocité; il suffit qu'il y ait analogie entre la situation de l'étranger en France et celle du Français à l'étranger pour que les deux cas soient traités de la même manière, si d'ailleurs aucun motif n'existe de les traiter différemment. Or, il est bien impossible d'en apercevoir un, comme l'a remarqué le tribunal supérieur de Papeete. « On ne voit pas, a-t-il dit, la raison pour laquelle l'étranger ne pourrait être autorisé à tester en France spécialement en la forme olographe de sa nationalité, alors que l'article 999 du Code civil autorise le Français qui se trouve à l'étranger à faire ses dispositions testamentaires par actes sous signatures privées. On ne peut, en effet, méconnaître que les motifs qui ont fait admettre les dispositions de l'article 999 s'appliquent aussi bien à l'étranger qui teste en pays français ».

Ces motifs, dira-t-on peut-être, se résument en une pensée de faveur et, comme le texte ne parle que des Français, c'est pour eux seulement que le système libéral de l'article 999 est institué; le principe « *Locus regit actum* » ne souffre point de dérogation pour les étrangers.

Cela reviendrait à dire qu'il suffit que dans une disposition les Français soient expressément désignés pour que le bénéfice n'en puisse être étendu aux étrangers. Or, cette induction ne s'impose pas. Lorsque notre législateur veut certainement faire aux étrangers une situation particulière, il le dit en termes exprès. C'est par exemple ce qu'il a fait dans les articles 11, 13, 14, 15 et 16. Il l'avait fait également dans les articles 726 et 912. Il l'a fait encore, en abrogeant ces textes, dans la loi du 14 juillet

1819. Quelquefois il lui arrive, dans un Code fait pour les Français, où par conséquent il n'a pas à les nommer, de les désigner néanmoins, sans d'ailleurs les mettre expressément en parallèle avec les étrangers. Dans ce cas, a-t-il voulu, à l'égard de ceux-ci, de manière indirecte, poser une règle contraire? Il faut, pour le savoir, examiner quelle a pu être, quand il a nommé les Français, sa pensée.

Ainsi, dans l'article 102, définissant le domicile, il n'oppose pas les Français, dont il parle, aux étrangers, dont il ne dit rien; il oppose le domicile *« quant à l'exercice des droits civils »* au domicile *politique :* le premier de ces domiciles est au lieu du principal établissement, et cela pour « tout Français »; le second, pour la catégorie des Français jouissant des droits politiques, est déterminé suivant d'autres règles. L'article 3, § 3, déclare que la loi française concernant l'état et la capacité des personnes régit les Français, même résidant à l'étranger, et l'article 170, faisant une application de cette règle générale, veut que les Français qui se marient en pays étranger demeurent soumis, quant aux conditions de capacité, à la loi française. Est-ce à dire, comme l'ont affirmé des auteurs et des tribunaux, que les étrangers ne puissent pas invoquer ou subir en France une règle semblable, n'y soient pas régis, à leur tour, par leurs lois nationales? Nullement. Les rédacteurs de l'article 3 sont partis de l'idée que les personnes, en ce qui concerne leur état et leur capacité, doivent demeurer, à l'étranger, sous l'empire de leurs lois nationales; ils ne l'ont expressément appliquée qu'aux Français, mais il est juste que les étrangers en aient aussi la charge et le bénéfice; les travaux préparatoires permettent d'affirmer que les auteurs du Code civil n'ont pas entendu répudier ce corollaire; et c'est ce que la doctrine et la jurisprudence, après quelques hésitations, se sont décidées à reconnaître, soit en général, malgré le silence de l'article 3, soit en particulier pour le mariage, malgré le silence de l'article 170. On remarquera d'ailleurs que, pour arriver à cette conclusion, il n'est nul besoin de recourir au principe de la réciprocité, il suffit de tirer des idées dont s'est inspiré notre législateur, en statuant expressément pour les Français, les conséquences logiques, les conséquences nécessaires, étant dictées par la justice, qu'elles engendrent à l'égard des étrangers. Les auteurs du Code civil, inconsciemment ou peut-être retenus par une sorte de répugnance à

prendre un parti qui leur paraissait grave, n'ont jamais formellement proclamé l'efficacité des lois étrangères à l'égard des
actes passés en France; mais ils ont adopté des principes desquels
cette règle doit fatalement se déduire. C'est le devoir et le droit
de la jurisprudence de dégager et mettre en lumière ce qui est
virtuellement contenu dans la loi, de faire en quelque sorte parler le silence du législateur.

De même, donc, qu'il a fallu scruter la pensée que renferme
l'article 3 du Code civil et, par suite, que l'interprétation de ce
texte a conduit à reconnaître, en matière d'état et de capacité,
pour les étrangers en France, une règle analogue à celle que le
texte établit pour les Français à l'étranger, de même il faut,
quant à la forme du testament privé, rechercher si l'interprétation de l'article 999 ne doit pas avoir un résultat semblable. « On
ne peut pas méconnaître, a dit le tribunal supérieur de Papeete,
que les motifs qui ont fait admettre les dispositions de l'article 999
s'appliquent aussi bien à l'étranger qui teste en pays français ».
Ce tribunal a-t-il eu raison? Quels sont ces motifs?

C'est ici que se manifeste l'intérêt des notions historiques précédemment exposées. Si les auteurs du Code civil ne nous ont
pas donné l'explication de l'article 999, nous la trouvons dans
l'histoire; nous savons par l'histoire pourquoi les Français ont
reçu le droit de faire à l'étranger leur testament dans la forme
olographe; l'histoire éclaire cette disposition, nous en dit le sens,
l'esprit, la portée. L'article 999 n'est pas autre chose, en effet,
que la réponse du législateur de 1804 à l'arrêt du Parlement de
Paris de 1721. Cette décision, « célèbre », au témoignage de
Merlin, qui la rappelait à près d'un siècle d'intervalle, était in-
tervenue dans une affaire importante; elle avait cassé le testament
d'un personnage; elle avait été rendue sur les conclusions de
l'avocat général Gilbert de Voisins, malgré l'éloquente résistance
de M⁴ Macé, avocat au Parlement, dont le président Bouhier fait
un grand éloge; discours et plaidoiries étaient conservés dans
le recueil de Brillon [1]; les deux principaux jurisconsultes français qui s'occupèrent du conflit des lois au xviii° siècle avaient cri-
tiqué la doctrine de l'arrêt. Les auteurs du Code civil ont voulu
renverser cette jurisprudence; ils sont revenus à la vérité, restée
claire pendant plusieurs siècles, puis obscurcie par le malen-

_______________

[1] *Dictionnaire des arrêts* (édition de 1727), t. VI, v° *Testament*, p. 577.

contreux adage : « *Locus regit actum* », à savoir que l'observation de la loi du lieu de l'acte ne s'est introduite et n'a prévalu qu'à titre de règle favorable, subsidiaire, et que le principe en ce qui concerne la forme des actes est tout autre. On en demeure d'autant mieux convaincu lorsqu'on se rappelle quelle fut la conception générale des auteurs du Code civil à l'égard de la règle par eux proposée et consistant à dire que la forme des actes serait régie par la loi du lieu où ils seraient passés. Rœderer et Portalis nous l'ont fait connaître. Que l'on en rapproche l'article 999 et l'on constatera qu'en statuant comme ils l'ont fait à l'égard du testament, ils y ont été fidèles.

### III. — *Considérations théoriques.*

Il n'est pas nécessaire, après tout ce qui vient d'être dit, de justifier soit la faculté qui doit être laissée au testateur de suivre, à titre d'exception, la loi du lieu de l'acte, soit le droit qui doit lui être reconnu d'observer sa loi nationale. Mais il convient d'examiner les raisons du système qui fait, au contraire, de la règle « *Locus regit actum* » le principe et un principe rigoureux, à peine susceptible de recevoir le tempérament limité qu'y apporte l'article 999 de notre Code civil.

Lorsque cette règle se fut définitivement établie et que des auteurs, trompés par la formule, d'un tour si absolu, si impératif, en laquelle dans la pratique elle s'était condensée, crurent qu'elle imposait, à peine de nullité, l'observation de la loi du lieu de l'acte, ils s'efforcèrent de lui trouver, après coup, des motifs.

Ulric Huber n'eut pas à prendre pour cela beaucoup de peine. Il avait posé comme axiome général que les étrangers deviennent, au point de vue du droit, les sujets du pays où ils se trouvent, durant le temps qu'ils y passent. Il en déduisit, sans chercher davantage, qu'à ce titre ils devaient nécessairement se conformer aux lois de ce pays (1).

Hertius, quoique moins absolu en général qu'Ulric Huber, fut, quant à la forme des actes, du même sentiment : « Bien qu'un étranger, dit-il, demeure en réalité le sujet de sa propre patrie, cependant, en ce qui concerne l'acte qu'il fait dans le

______

(1) Voy. *Introduction au droit international privé*, t. II, p. 107 et 108.

pays, il doit être considéré comme temporairement soumis aux lois de ce pays, de même qu'à ses tribunaux (1) ».

Allant encore plus loin dans le même sens, Boullenois, qui se référait, il est vrai, spécialement aux actes solennels, mais d'ailleurs parlait en termes généraux, Boullenois, entraîné par sa conviction que les lois concernant la forme des actes devaient être classées parmi les statuts réels, en vint à dire (2) : « Les actes prennent leur être et leur essence de la loi du lieu où on les passe; ils appartiennent à cette loi : ce sont les enfants de la loi, elle leur a donné l'être et la vie; les contrats sont la chose du lieu, les formalités sont attachées au contrat, elles affectent la chose et non la personne, elles sont donc réelles ».

Tous ces dires se ramenaient à l'expression de cette idée singulière : il existe entre la forme de l'acte, inhérente à l'acte lui-même, et la loi du pays où l'acte a lieu un lien territorial tellement étroit que l'acte et sa forme doivent être considérés comme une émanation directe de la loi locale et en quelque sorte s'y incorporent.

Et c'est encore à cette idée surtout que l'on rattache aujourd'hui le caractère impératif, absolu de la règle « *Locus regit actum* ». C'est d'elle que se sont inspirées les Cours de cassation, de Paris et d'Orléans, en affirmant que « la forme extérieure des actes est essentiellement soumise aux lois, aux usages et aux coutumes du pays où ils sont passés ».

Combien, cependant, elle est vaine ou fausse! Vaine, si l'on veut dire que la loi locale régit impérieusement la forme de l'acte, quel qu'en soit l'auteur; car c'est l'affirmation, à peine modifiée, de ce qui devrait être démontré. Fausse, à supposer que l'on prétende par là, comme le faisait Ulric Huber, que l'étranger devienne vraiment, quant aux actes qu'il passe dans un pays et relativement à leur forme, un sujet de ce pays, sur qui la loi locale a prise. Une telle conception, sans doute, est juste pour les actes qui touchent à l'intérêt social du pays. tels que les contraventions aux lois pénales ou de police, les actes de la procédure judiciaire, les manifestations de l'activité humaine ou les transmissions de biens sur lesquelles frappent les impôts. Mais en quoi la forme privée des actes où sont parties

(1) Voy. *Introduction au droit international privé*, II, p. 408.
(2) *Ibidem*, p. 376, *in fine*.

les étrangers touche-t-elle à l'intérêt social du pays? C'est impossible à voir. Pour ces actes, suivant l'expression de Ricard et de Bouhier, qui sera rappelée plus loin, les parties sont « leurs propres ministres ». A ce titre, elles sont indépendantes; aucun lien matériel n'existe entre leur acte et le territoire où elles se trouvent; qu'elles recourent volontairement à la loi locale, c'est bien; mais que l'on prétende les y obliger, c'est chose incompréhensible.

En ce qui concerne particulièrement le testament privé, prétendre en lier la forme au territoire du pays où il est fait, l'assujettir par là à la loi de ce pays, c'est méconnaître l'essence même de cet acte, qui est d'exister valablement, soit par l'écriture, la signature et la date, comme le testament olographe, soit par une déclaration de volonté, écrite ou non, en présence de témoins, soit par une combinaison de ces formalités, mais toujours abstraction faite du lieu où l'opération s'effectue.

Mais, ont objecté l'avocat général Gilbert de Voisins dans ses conclusions sur le testament de Pommereuil et, à sa suite, l'ancien procureur général Merlin (1), le testament olographe n'en est pas moins un testament solennel, conformément à la définition qu'en donnait l'article 289 de la Coutume de Paris. Qu'importe! On en peut et doit conclure qu'il appartient à la forme des actes, non pas au statut personnel du testateur. Mais ce n'est pas une raison de l'assimiler au testament public, où la solennité, indépendante de l'auteur de l'acte, ne peut être accomplie que par un officier public, à cet effet compétent et relevant, lui, de la loi du lieu où le testament est rédigé.

Mais il est d'ordre public, ont dit les Cours de Paris et d'Orléans, que le testament d'un Anglais fait en France le soit conformément à la loi française. Assertion vraiment étonnante. On a bien précédemment entendu Rodenburgh, Bouhier et Boullenois parler d'intérêt ou de bien général, d'utilité publique; mais ce qu'ils couvraient de cette grande autorité, c'était la validité du testament fait d'après la loi locale, non pas la nullité du testament contraire à cette loi, mais conforme à la loi nationale du testateur. Comment! L'ordre public exigerait qu'un Anglais fît en France un testament olographe au lieu du testament décrit au début de cette étude (2)! On conçoit que le législateur fran-

(1) Merlin, *Rép.*, t. XVII, p. 534 et s., édition de Paris, 1827.
(2) V. ci dessus, p. 5.

çais, moins rigoureux que d'autres, moins défiant que par exemple ne l'a été le législateur néerlandais, se contente, pour assurer la liberté et la sincérité des volontés dernières, du testament olographe. Mais que ce testament offre des garanties supérieures à celles que donne un testament présenté à des témoins, signé devant eux, certifié par eux; que, surtout, ce dernier testament soit dangereux au point que, fait en France, il porterait atteinte à l'ordre public, c'est, je l'avoue, ce que je ne puis comprendre [1].

D'autres motifs encore ont été allégués, tantôt irréfléchis, tantôt superficiels ou même absolument nuls.

Paul Voet s'est avisé de dire que l'auteur de l'acte est réputé, même quant à la forme, se soumettre à la loi locale [2]. Oui, quand il l'observe, mais dans le cas contraire? Et, s'il dépend de lui de se placer sous l'empire de la loi locale, comment cette loi aurait-elle sur son acte une autorité nécessaire?

Dans l'affaire de Pommereuil, en 1721, l'avocat général Gilbert de Voisins [3] présenta des considérations et des conclusions tout à fait incohérentes. A ses yeux, l'usage qui assujettit les testaments aux formes du lieu où ils sont faits est fondé sur trois motifs. Il en est un qui est propre aux testaments reçus par les officiers publics. C'est que ces officiers « reçoivent leur caractère de la loi de leur pays, pour l'exercer en la forme qu'elle a établie; ils sont donc obligés de s'y assujettir; et l'étranger qui emprunte le secours de leur ministère est en quelque sorte obligé, comme eux, de l'employer conformément aux règles qu'elle leur donne ». Le magistrat reconnaît que cette raison n'est pas applicable au testament olographe, « que le testateur fait tout seul, sans témoins et sans ministres ». Mais les deux autres motifs sont communs au testament public et au testament olographe et les voici :

« Il est ordinairement impossible ou difficile de pratiquer d'autres formes que celles du lieu où l'on est. Il est souvent nécessaire de prendre conseil sur la forme, lorsqu'on fait un testament; ceux à qui on peut s'adresser, au lieu où l'on est, gnorent ordinairement les formes d'un autre pays; les person-

---

(1) Comp. E. Naquet, dans *J. dr. int. pr.*, 1904, p. 66 et 67.
(2) V. Lainé, *Introduction*, II, p. 403.
(3) Cité par Merlin, *Rép.*, v° *Testament*, t. XVII, p. 535 (Édit. de Paris, 1827).

nes publiques que l'on appelle pour le recevoir ne connaissent que leur *formule* ordinaire. C'est donc pour la convenance et pour la commodité qu'on a établi que l'étranger s'en servirait ».

D'autre part, « le testament a un rapport naturel à divers lieux où il est nécessaire que sa forme soit probante, et qu'il faut qu'il ait son exécution, soit au domicile du testateur, pour le mobilier, soit en autant de lieux qu'il y a d'immeubles sous différentes lois. On a considéré que toutes ces lois, et du domicile et de la situation des biens, avaient souvent des dispositions toutes différentes sur la forme, et qu'il n'était pas possible que le testateur accomplit en même temps toutes ces formes opposées ».

Ces considérations sont très justes. Ce sont précisément celles que l'on a, de tout temps, de façon plus ou moins explicite, fait valoir en faveur du testament rédigé suivant la forme locale. Ce sont celles que Rodenburgh et Jean Voet, notamment, ont exposées en termes éloquents, à raison desquelles, au dire du premier de ces auteurs, « il faut se rallier au sentiment qui s'est formé sous la pression d'une sorte de nécessité et qui répond à l'intérêt général (1) ». Mais, selon ces auteurs et, semble-t-il, selon le bon sens même, ces mêmes considérations qui justifient le triomphe de la règle « *Locus regit actum* » entendue comme exceptionnelle, comme accordant une simple faculté, s'opposent à ce que l'observation en soit impérativement prescrite, à ce que l'exception prenne la place du principe.

Or, tout autre est la conclusion de l'avocat général Gilbert de Voisins. Après avoir dit « c'est donc pour la convenance et pour la commodité qu'on a établi que l'étranger se servirait des formes du pays », il en déduit : « Et comme il est à propos que les formes soient certaines, on n'a pas même laissé à l'étranger le choix entre celles de son pays et celles du lieu où il se trouve ». C'est contradictoire, et la contradiction n'est même pas masquée par le prétexte que les formes doivent être certaines ; car les formes de la loi du domicile sont aussi certaines que les formes de la loi du lieu de l'acte. De même, après avoir dit que le testateur ne doit pas être réduit à observer plusieurs lois à la fois, l'avocat général en conclut : « Il a fallu se fixer à une seule, et celle du lieu où l'acte se fait est la plus convenable ». Mais en

_______________

(1) V. ci-dessus, p. 11.

quoi était-ce nécessaire? S'il plaît au testateur d'observer ces diverses lois, pourquoi l'en empêcher? Et d'ailleurs il peut très bien se faire que, ne testant pas au sujet de plusieurs immeubles situés en divers lieux, il n'ait pas à observer plusieurs lois. Encore une fois, qu'était-il besoin de transformer un bienfait en une exigence? On ne saurait trop méditer ces paroles de Rodenburgh : « Aucune raison de droit ni d'équité n'oblige à interpréter au détriment des hommes des mesures introduites dans leur intérêt; l'admission par voie complémentaire d'une seconde forme de tester n'entraîne pas la suppression du mode antérieur auquel on l'ajoute [1] ». Ainsi, l'argumentation de Gilbert de Voisins, approuvée par Merlin, très probante à l'égard de l'observation facultative de la loi du lieu de l'acte, est, quant à l'observation nécessaire de cette loi, le néant même.

Boullenois, à son tour, ailleurs que dans le passage cité plus haut [2], semble s'être inspiré de Gilbert de Voisins lorsqu'il a dit : « Le testament est un acte contenant la volonté de l'homme. Cette volonté doit être certaine et attestée; c'est-à-dire qu'il doit être certain par un acte en bonne forme que la personne a voulu telles et telles choses; car il n'est ici question que de formalités attestatoires. Mais qui peut attester la vérité d'un acte, si ce n'est la loi où il a été passé et sous l'autorité de laquelle il a été passé? [3] » Je réponds : « cette loi, sans doute, peut donner la garantie voulue, sans d'ailleurs que l'acte ait été passé sous son autorité, simplement parce que son assistance était légitime; mais d'autres lois aussi le peuvent et à bien plus juste titre, notamment, dans l'ancien droit, celle du domicile, qui préside généralement à la vie juridique.

Enfin, le passage où Furgole, pour combattre Ricard, proteste que l'observation de la loi du lieu de l'acte est obligatoire, présente, en fait d'arguments, le même vide : « La faculté de tester en une certaine forme dépend nécessairement de la coutume du lieu où le testament est fait, vu que, quand on dispose dans un lieu, il faut nécessairement remplir la formalité requise dans ce lieu, afin que le testament soit valable...; parce que la coutume du lieu où le testateur dispose ne doit pas moins exercer

---

(1) V. ci-dessus, p. 13.
(2) V. ci-dessus, p. 18.
(3) V. Lainé, *Introduction*, II, p. 400.

son empire sur les dispositions olographes, pour les annuler quand elle ne les admet pas, que sur celles qui sont faites dans une autre forme autorisée, pour les confirmer [1] ». Trois affirmations, à peine variées; pas un argument.

La conclusion qui s'impose est donc, en raison, comme d'après l'histoire et le droit français actuel, que, pour le testament privé, l'observation de la loi du lieu de l'acte n'est pas nécessaire, et que, régulier eu égard à la loi nationale du testateur, le testament d'un étranger doit être reconnu valable, même lorsqu'il a été fait en France et bien qu'il ne soit pas conforme à la loi française.

## CHAPITRE II

### La loi du lieu de l'acte et la loi du domicile.

Un cas tout à fait extraordinaire s'est dernièrement présenté devant nos tribunaux : le testament d'un citoyen des États-Unis, Charles Spencer, testament fait dans l'État de Rhode-Island, sans l'observation ni de la loi du lieu de l'acte ni de la loi nationale du testateur, était conforme à la loi de son domicile. En effet, c'était un testament olographe et le testateur était domicilié en France. Procès entre les frères du défunt, William et Lorillard Spencer, et la princesse de Vicovaro, leur sœur, instituée légataire universelle. Cette dernière avait obtenu de M. le président du Tribunal civil de la Seine, statuant en référé, deux ordonnances qui l'envoyaient en possession : l'une, du 11 janvier 1907, sur sa requête; l'autre, du 18 avril 1907, sur opposition formée par les consorts Spencer. Mais la Cour de Paris, par arrêt du 23 juillet 1907, les a annulées, parce que, les consorts Spencer ayant allégué que le testament, contraire aux prescriptions édictées par les lois de New-York et de Rhode-Island, n'était pas valable, la Cour estima la difficulté assez sérieuse pour mériter un examen « éclairé par l'étude des textes de la législation américaine » [2].

Cette question ne s'était pas encore élevée. Les auteurs ne l'ont même pas prévue. Leur attention s'est bien d'avance por-

(1) Furgole, *Testament*, ch. 2, sect. 2, n° 22.
(2) Voy. *Revue de droit international privé*, 1907, p. 784.

tée sur l'hypothèse où l'on présenterait à la justice française un testament olographe émanant d'un étranger et fait en pays étranger; mais ils n'ont pas songé au cas où, de plus, l'auteur de ce testament aurait eu son domicile en France. Or, cet élément d'appréciation me paraît avoir une importance capitale et devoir déterminer la validité du testament.

L'objection à laquelle je dois m'attendre sera que, dans l'article 999, le législateur, qui ne dit rien du testament fait par un étranger, garde en outre le silence au sujet de la loi du domicile. De la loi nationale, sans doute, il parle; il en autorise l'observation, c'est même le principe qu'il semble adopter; que l'on étende au testament de l'étranger l'application d'un principe, lorsqu'elle est expressément faite au testament du Français, s'il y a identité de motifs, rien de plus juste ni plus aisé. Mais comment faire intervenir la loi du domicile au profit du testament d'un étranger, quand le législateur, à l'égard du testament du Français, paraît l'avoir écartée? Et c'est bien, dira-t-on, ce qu'il a fait; car, dans notre législation, où la loi nationale et la loi du domicile sont rivales, admettre la première, c'est exclure la seconde.

Cette objection, certes, est spécieuse, mais je ne la crois pas fondée et c'est ce que je me propose de démontrer.

Je considère, tout d'abord, comme acquise une première vérité, savoir que la non-conformité d'un testament privé avec la loi du lieu de l'acte n'a pas pour conséquence la nullité du testament, s'il est conforme à quelque autre loi que le testateur pouvait légitimement suivre. La règle « *Locus regit actum* », entendue comme imposant l'observation de la loi du lieu de l'acte, était avant tout l'obstacle et l'obstacle radical à l'adoption d'une théorie tout à la fois rationnelle et juridique en la matière. C'est pourquoi, en opposant tout d'abord à la loi du lieu de l'acte la loi nationale du testateur, je me suis longuement attaché à prouver que cette conception de la règle « *Locus regit actum* », que l'on a eue, que l'on a encore dans une partie de la doctrine, et surtout qui s'est maintenue dans la jurisprudence, ne résiste pas à l'étude sérieuse de l'ancien droit, des travaux préparatoires et du texte de l'article 999. L'observation de la loi nationale prévaut sur l'inobservation de la loi du lieu de l'acte, tel est le résultat de l'étude qui vient d'être faite. Il s'agit maintenant de savoir si la loi du domicile n'est pas équivalente à la loi nationale.

La réponse à cette seconde question doit être cherchée dans un nouvel et plus minutieux examen des motifs qui ont déterminé notre législateur à déclarer valable le testament fait à l'étranger par un Français selon la loi française. La loi nationale, en effet, remplit, dans le conflit des lois, des rôles divers et ce qu'il faut actuellement préciser, c'est le titre auquel, ici, notre législateur l'a fait intervenir. De là découlera la solution du point de savoir si la désignation de cette loi, en la matière, implique ou non l'exclusion de la loi du domicile.

Pour cette recherche, comme pour la précédente, la connaissance des idées anciennes, je veux dire antérieures à la rédaction du Code civil, est une lumière. Lorsque autrefois certains jurisconsultes français défendirent la validité du testament fait dans la forme privée suivant la loi du domicile du testateur — et l'on sait que l'article 999 a consacré cette opinion, bien qu'en d'autres termes —, ils proposèrent, à cet effet, trois systèmes. Le législateur de 1804 a dû suivre l'un d'eux. Lequel?

Le premier et le plus radical écartait absolument, pour le testament olographe, la théorie concernant la forme des actes; il rattachait ce testament au statut personnel. Il eut pour auteur un de nos meilleurs jurisconsultes du xvii⁰ siècle, Ricard. On le trouva dans une dissertation sur le conflit des lois qu'il avait laissée inédite et qui fut ajoutée, après sa mort, à son *Traité du don mutuel* (1). Après avoir exposé que les testaments solennels devaient être faits suivant la forme du pays où ils étaient rédigés, « parce qu'ils dépendent de ceux entre les mains desquels l'acte « est passé, dont l'autorité et l'exercice sont attachés aux lois du « pays », Ricard ajoutait :

J'estime toutefois que cette maxime, qui en général ne reçoit aucune difficulté dans notre usage, doit être limitée dans l'espèce du testament olographe, d'autant que le testateur en est le seul ministre, et le caractère qu'il a pour cet effet étant attaché et inhérent à sa personne, il l'emprunte seulement de la coutume laquelle a empire sur lui, qui est celle de son domicile; et comme c'est une faculté personnelle, qui ne se peut détacher de lui, il la porte en quelque endroit qu'il aille, et elle l'accompagne en quelque lieu qu'il se trouve, aussi bien que la faculté de tester, qui lui est donnée par la loi de son pays, et qu'il n'aurait pas par la coutume du lieu où il se rencontre. Et ainsi un testament olographe fait en pays de droit écrit, qui n'en admet pas l'usage, par une per-

_______________

(1) Ricard, *Du don mutuel*, chap. VII, n° 307.

sonne domiciliée sous la coutume de Paris qui les reçoit, serait valable pour la forme. De même, par la raison des contraires, si une personne du pays de droit écrit, se trouvant par hasard à Paris, y faisait un testament olographe, il ne pourrait pas avoir d'exécution, ce particulier ne pouvant pas emprunter une faculté personnelle d'une coutume qui ne gouverne pas sa personne, s'agissant en cette occasion d'une capacité qui doit se rencontrer en lui, puisqu'il est le seul ministre de l'acte, laquelle dépend de la loi de son domicile.

Cette nouvelle doctrine fut naturellement invoquée, lors de l'affaire de Pommereuil, en 1721, par M⁰ Macé, qui s'en prévalut en faveur du testament contesté. Puis, quelque temps après et bien que le Parlement de Paris l'eût repoussée, le président Bouhier s'en fit l'ardent défenseur. Supposant qu'un homme domicilié dans un lieu où les testaments purs olographes étaient autorisés, par exemple à Paris, se trouvait soit dans un pays où ces sortes de testaments n'étaient point en usage, soit dans un pays, comme la Bourgogne, où ils n'étaient admis qu'avec certaines formalités, il décida sans hésiter que cet homme pourrait faire un testament pur olographe, en s'appuyant sur l'autorité de Ricard, « ce savant homme », et de M⁰ Macé, « célèbre avocat au Parlement de Paris », qui avait mis le sentiment de Ricard « dans un fort beau jour par un excellent mémoire [1] ».

Est-ce précisément cette doctrine que le législateur de 1804 a consacrée dans l'article 999 en autorisant les Français à faire en pays étranger leur testament dans la forme olographe? Si la réponse était affirmative, il faudrait en conclure que l'octroi de la loi nationale implique le refus de la loi du domicile.

Or, un certain nombre d'auteurs, sans d'ailleurs mettre la loi du domicile en parallèle avec la loi nationale, ont effectivement répondu : oui, c'est le sentiment de Ricard et de Bouhier que les rédacteurs de l'article 999 ont entendu faire leur et consacrer. Telle fut l'opinion, notamment, de Marcadé [2] qui, après avoir constaté, non sans exagération, que, malgré l'opposition de Ricard et de Bouhier, le principe, avant le Code, était que « la validité ou la nullité du testament olographe dépendait uniquement du point de savoir s'il était permis ou défendu, non

[1] Bouhier, *Observations sur la coutume du duché de Bourgogne,* ch. XXVIII, nᵒˢ 20 et suiv.

[2] Marcadé, *Explication théorique et pratique du Code Napoléon,* sur l'article 999, nᵒˢ 83 et suiv.

pas dans le pays auquel appartenait le testateur, mais dans le pays où l'acte avait été écrit », conclut en disant :

Mais cet ancien principe a été renversé par le Code, et notre article, consacrant l'idée de Ricard et de Bouhier(1), restreint l'effet de la règle *Locus regit actum* au testament public. Celui-ci reste toujours soumis aux lois du pays où il est passé; mais le testament olographe est permis au Français, en quelque lieu qu'il aille. C'est là désormais une question de capacité personnelle : le droit de tester olographement est attribué à toute personne française; et ce droit personnel, conformément à l'article 3, suivra les personnes même en pays étranger... Il s'ensuit que l'étranger appartenant à un pays dont la loi n'autorise pas cette forme de testament ne pourrait pas l'employer valablement, quoiqu'il résidât en France et qu'il s'agit de biens français : les lois réglant la capacité ne s'appliquent qu'aux personnes françaises. Cet étranger ne peut pas invoquer ici la loi de son pays, puisque cette loi, dans notre hypothèse, ne permet pas le testament olographe; et il ne peut pas invoquer davantage la règle *Locus regit actum*, puisqu'il s'agit d'un cas où la forme de l'acte n'est plus dépendante du lieu(2).

Plus récemment, M. Duguit s'est déclaré partisan de cette opinion. Pour lui, le système de Ricard et de Bouhier, dans le dernier état de notre ancien droit, même en jurisprudence, malgré l'arrêt de 1721, fut prédominant; la règle « *Locus regit actum* » ne s'appliquait pas au testament olographe. Et « c'est évidemment la solution que reproduit l'article 999 du Code civil; les termes un peu obscurs de cet article consacrent certainement la distinction ingénieuse, faite par Bouhier, entre les testaments publics et les testaments olographes, en écartant pour ces derniers la règle « *Locus...* » et en leur appliquant toujours la loi personnelle du testateur... L'étranger ne peut tester en France dans la forme olographe française; son testament olographe doit être revêtu des formes exigées par sa loi personnelle (3) ».

La question s'est aussi plusieurs fois présentée devant nos tribunaux, sans d'ailleurs que la loi du domicile fût en cause, de savoir si le testament privé ressortit au statut personnel. Mais jamais ce ne fut admis, sauf une fois par la Chambre des

(1) L'auteur ajoute à tort Boullenois, dont le système était sensiblement différent, comme on va le voir.

(2) Marcadé cite, comme étant également de cet avis, Grenier, Delvincourt et Demante.

(3) Duguit, *Des conflits de législation relatifs à la forme des actes civils,* p. 45 et suiv., p. 146 et suiv.

requêtes, à l'égard du testament d'un Anglais, fait en France dans la forme olographe, que n'admet pas la loi anglaise. L'une des parties le prétendait nul, en se fondant sur la même thèse qu'autrefois Ricard et Bouhier, savoir que la forme du testament privé relève du statut personnel et que, par conséquent, les étrangers doivent, même en France, observer sur ce point leur loi nationale. C'était donc pour écarter la *lex loci actûs*, non pas la *lex domicilii*, que l'on soutenait que la loi prépondérante était la *lex patriæ*, comme loi du statut personnel. Cette prétention, repoussée par le Tribunal de la Seine et par la Cour de Paris, fut accueillie par la Chambre des requêtes. « Pour le testament olographe, dit-elle, il y a des raisons particulières pour ne pas le soumettre à la règle : « *Locus regit actum* » : c'est que, dans des actes de cette nature, qui sont l'œuvre unique du testateur, la forme de l'acte se lie essentiellement à la capacité de disposer... » Mais la Chambre civile fut d'avis contraire et répondit : « Les lois qui déterminent les formes dans lesquelles doit être rédigé le testament ne touchent pas à la capacité du testateur, mais seulement aux solennités extérieures qui doivent accompagner l'expression de sa volonté [1] »:

Telle est assurément la vérité. Dans notre droit positif actuel, il y en a une raison décisive que l'on s'étonne de ne pas voir indiquée dans le débat ci-dessus rapporté et qui le sera tout à l'heure.

Mais déjà dans l'ancien droit les principes généraux condamnaient la doctrine de Ricard. Dans un acte juridique, la forme de l'acte ou de l'écrit qui le constate, sa substance, l'exécution du droit qui en naît et la capacité de son auteur sont des choses très distinctes et pour chacune d'elles il existe, au cas de conflit de lois, une règle particulière, que détermine l'esprit de la loi. Tandis que la forme de l'acte instrumentaire a pour but, soit de lui conférer l'authenticité, soit du moins de lui donner une certaine force probante, ce qui implique la préoccupation chez le législateur de prescrire des règles de nature à garantir la certitude et la sincérité des volontés exprimées par l'auteur de l'acte, la capacité de celui-ci tient à son âge, à son indépendance, à sa santé intellectuelle, d'où il suit que le législateur intervient, s'il est incapable, afin de le protéger contre sa fai-

(1) *Dalloz*, 1847, I, p. 273.

blesse, ou, s'il est en pleine possession de lui-même, afin de le laisser libre. En conséquence, les règles suivant lesquelles se résoudra le conflit des lois seront, à ces deux points de vue, très différentes. A l'égard du testament public, Ricard ne s'y était pas trompé : s'il en soumettait la forme à la loi du pays auquel appartenait l'officier rédacteur de l'acte, c'était parce que, parlant de cet officier, il disait que « son autorité et son exercice sont attachés à la loi de son pays », non parce que la forme du testament est inhérente à la capacité personnelle de celui qui le rédige. Ricard n'avait confondu les deux choses que pour le testament olographe, afin de le soustraire à l'injuste rigueur de la règle « *Locus regit actum* ». Bouhier, entraîné par une vue systématique, à savoir le classement de la forme des actes dans le statut personnel, généralisa l'idée de Ricard et rattacha la forme des actes à la capacité personnelle de leurs auteurs, que ceux-ci fussent des officiers publics ou les parties elles-mêmes [1]. Merlin sut habilement tirer parti de l'erreur commune à Ricard et à Bouhier quant au testament olographe, pour soutenir, au contraire, et avec exagération dans un autre sens, que ce testament était rigoureusement assujetti à la loi du lieu de l'acte : « Qu'on dise que la loi du domicile détermine la capacité de tester, tout le monde en conviendra; mais que la faculté de tester selon une forme soit une capacité personnelle dépendant de la loi du domicile et qu'on porte partout, c'est ce qui ne peut être proposé sérieusement ».

Des jurisconsultes modernes, néanmoins, notamment Marcadé et M. Duguit, comme on vient de le voir, l'ont soutenu. Mais cela tient à ce que la connaissance de notre ancien droit n'a pas été chez eux suffisante. Marcadé, d'ailleurs, n'eut qu'une très vague notion soit de l'ancienne « Théorie des statuts », soit du Droit international privé, qui en a pris la place. Il ne se doutait pas que, primitivement, quant à la forme des actes, la loi du domicile fût prépondérante et la faculté de suivre la loi du lieu de l'acte purement subsidiaire. D'autre part, une vue du droit international privé superficielle ou du moins incomplète lui fit dire : « En définitive, si le droit de tester olographement n'était pas considéré par le Code comme une faculté toute per-

---

(1) Voy. Lainé, *Introduction au droit intern. privé*, II, p. 378 et suiv., p. 422 et suiv.

sonnelle, comme un privilège inhérent à la personne, comment ce droit suivrait-il le Français en tout pays? » [1]. C'était montrer qu'il ne concevait pour la loi nationale que le rôle de loi du statut personnel, alors que la loi nationale, en tant que loi présidant généralement à la vie juridique, occupe dans le conflit des lois une plus grande place et peut suivre les Français en pays étranger à d'autres points de vue que celui de leur statut personnel.

Il est donc faux, en théorie, de rattacher au statut personnel du testateur la forme du testament privé. Mais, dans notre droit positif actuel, il y a plus : l'article 999 contient la preuve péremptoire que telle n'a pas été la pensée de notre législateur lorsqu'il a permis aux Français de faire en pays étranger leur testament dans la forme olographe, puisqu'il leur permet en même temps de le faire suivant la forme étrangère. Il n'y met qu'une condition, celle que le testament soit authentique. Des auteurs admettent même, et non sans raison peut-être, qu'au fond le texte autorise absolument et sans restriction le testament fait dans la forme privée locale. Et Marcadé, précisément, est de ce nombre [2]. Comment, dès lors, cet auteur n'a-t-il pas aperçu que son système était incompatible avec celui du Code? L'incompatibilité, cependant, est flagrante. Autoriser les Français à suivre, s'ils le jugent bon, la loi locale, c'est se tenir hors du statut personnel; car le statut personnel ne comporte pas pour les Français à l'étranger l'observation d'une autre loi que leur loi nationale. Le statut personnel est matière d'ordre public; l'article 6 du Code civil en exclut l'ingérence des volontés individuelles; en ce qui le concerne, le choix d'une loi étrangère n'est pas chose possible. C'est ce dont Ricard et Bouhier s'étaient bien rendu compte : en rattachant le testament olographe au statut personnel, ils l'avaient entièrement soustrait à l'empire de la règle « *Locus regit actum* ». Ricard et Bouhier n'auraient pas admis l'application de cette règle, même à titre facultatif et subsidiaire. Les auteurs du Code civil, non plus, ne l'auraient pas autorisée, si la loi nationale du testateur avait, à leurs yeux, en la matière, joué le rôle de loi du statut personnel, s'ils avaient voulu, dans la première disposition de l'article 999, appliquer l'article 3, § 3, du Code civil.

(1) Marcadé, *loc. cit.*, n° 84, *in fine*.
(2) *Loc. cit.*, n° 87.

Le second des systèmes qui furent dans notre ancien droit proposés, pour soutenir que le testament fait dans la forme privée suivant la loi du domicile du testateur devait être tenu pour valable, fut celui de Boullenois. Ce consciencieux auteur qui, finalement, après bien des hésitations, s'était prononcé pour le caractère impératif de la règle « *Locus regit actum* », parce que, d'après un sentiment diamétralement opposé à celui de Bouhier, il la rangeait dans le statut réel, se trouva fort embarrassé lorsqu'il fut en présence de la théorie de Ricard, contraire à la sienne, mais, par un certain côté, si libérale et humaine. Après avoir exposé les deux systèmes et l'avoir fait avec tant de soin et de chaleur qu'il paraît tour à tour les adopter l'un et l'autre, il prit le parti de les associer, pour laisser au testateur le choix de la loi du lieu de l'acte ou de la loi du domicile. Voici, en effet, quelle fut sa conclusion :

Ne pourrait-on pas, de ces deux avis, en former un qui conserverait, d'un côté, les principes généraux qui veulent que pour qu'un testament soit valable il soit fait suivant les formes du lieu où il se passe, et, de l'autre, qui ne donnerait pas atteinte à la capacité accordée aux domiciliés de Paris et autres coutumes semblables de tester par la voie du testament olographe ? Ainsi, ne pourrait-on pas dire avec Ricard que celui qui est domicilié dans l'étendue de la prévôté et vicomté de Paris pourrait, en quelque endroit qu'il teste, tester par la voie du testament olographe, et cela pour lui conserver effectivement ce droit qui semble être attaché à la personne ? Mais aussi ne pourrait-on pas admettre que l'étranger qui se trouve même par hasard à Paris ou dans une coutume semblable, pourra tester par testament olographe, en assurant néanmoins la date de son testament, comme il a été observé ci-devant, puisque la nature de ce testament semble dépendre de la forme et que les règles générales le demandent ainsi ? Je sais que ce tempérament paraîtra bizarre : il n'est pas même pris d'après les règles austères de la logique. Mais un jurisconsulte doit-il toujours décider logiquement ? Et le bien général d'une nation n'autorise-t-il pas à adopter certaines décisions de convenance, quand une loi précise ne s'y oppose pas ? » (1).

Est-ce à cette combinaison que s'est arrêté le législateur de 1804 ? Oui, semble-t-il, à première vue, puisque l'article 999 accorde précisément l'option que proposait Boullenois. Et c'est l'opinion qu'a émise M. Claro, dans une note insérée au recueil de Dalloz relativement à l'arrêt rendu par la Cour de Paris, dans l'affaire Viditz c. Gesling, le 2 décembre 1898 (2). L'anno-

(1) Boullenois, *Traité de la personnalité et de la réalité des lois*, II, p. 77.
(2) Voy. *Dalloz*, 1899, 2, p. 177.

lateur considère l'article 999 comme une conséquence du triomphe qu'il attribue, dans l'évolution du droit international privé,
à la personnalité sur la territorialité du droit. Ce texte, selon lui,
poserait en principe l'observation de la loi nationale, à titre de
loi régissant le statut personnel, et, de plus, autoriserait par
exception l'observation de la loi locale, à peu près comme le
voulait Boullenois, dont le système aurait été de cette manière
consacré par les auteurs du Code civil.

S'il en était ainsi, l'adoption de la loi nationale signifierait
encore exclusion de la loi du domicile.

Mais cette théorie n'est pas conforme à l'histoire. On ne com-
mença pas, autrefois, comme le dit l'auteur, par imposer rigoureusement l'observation de la loi du lieu de l'acte, à raison des
influences féodales et de la territorialité du droit, pour finir,
aujourd'hui, par la permettre simplement, en vertu de la personnalité du droit, qui, « après avoir gagné peu à peu du terrain,
a dominé notre droit moderne ». Ce sont là des vues qui, sur
l'ancien droit, sont erronées et, sur le droit actuel, sont trop
récentes pour avoir été celles des auteurs du Code civil. Il n'est
pas exact non plus de présenter ainsi le système de Boullenois :
« Son point de départ est dans la personnalité des lois, laquelle
constitue le droit commun quant à la forme du testament; mais
ce droit commun doit fléchir, dans l'application, au profit de
celui qui, appartenant à une province où la forme olographe
n'était point admise, venait à tester en cette forme dans une des
provinces où elle était sanctionnée par la législation; Boullenois, dans ce cas, reconnaissait la validité du testament, et son
système semble dès lors se rapprocher beaucoup de celui qui
reconnaît un caractère facultatif à la règle *Locus regit actum* ».
C'est le contraire qui ressort de la conclusion de Boullenois qui
vient d'être rapportée : loin que la forme du testament y soit
rattachée en principe au statut personnel, c'est l'observation de
la loi locale qui, deux fois, y est rappelée comme étant le principe dominant. Boullenois avoue d'ailleurs que, même dans ces
termes, son système est encore incorrect. « Ce tempérament,
dit-il, — il s'agit du tempérament tenant à l'observation de la
loi du domicile comme loi du statut personnel, — n'est même
pas pris d'après les règles austères de la logique ». Non, certes,
et ce n'est même pas assez dire : la vérité est que ce système est
absolument contradictoire. Il consiste, en effet, en la combinai-

son de deux règles dont chacune est par elle-même intransigeante : l'observation de la *lex loci actûs*, qui pour Boullenois est exclusive de toute autre loi et par conséquent écarte la *lex domicilii*; l'observation de la *lex domicilii*, entendue comme loi du statut personnel, qui, selon Ricard, est à son tour exclusive de toute autre loi et par conséquent écarte la *lex loci actûs*. C'est donc l'association des contraires que Boullenois propose.

Aussi est-il inadmissible que le législateur de 1804 ait voulu consacrer ce système, que d'ailleurs il n'a probablement pas connu; car Boullenois traita ce point de manière tout à fait incidente, à propos des effets du changement de domicile sur la forme des actes. A la vérité, si l'article 999 ne pouvait s'expliquer que par l'assemblage hétérogène de deux règles contradictoires, il faudrait bien lui reconnaître ce caractère, et mieux vaudrait, comme l'observait très justement l'inventeur du système, une règle que la logique n'approuverait pas qu'une règle désavouée par la justice. Mais il n'en est rien : l'article 999 est la consécration d'un troisième système, où la justice est d'accord avec la logique, système dont la source est également dans notre ancien droit ou plutôt qui constitue vraiment notre ancien droit.

Comme on l'a vu au début de la présente étude, la règle originaire était que le testament devait être fait soit d'après le droit romain, servant de droit commun, soit d'après la loi du domicile du testateur, soit, au cas où il portait sur un immeuble, d'après la loi du lieu de la situation du bien légué. Abstraction faite de la première et de la troisième hypothèses, lorsque le conflit s'élevait entre la loi du domicile du testateur et la loi du lieu de l'acte, on avait fini par admettre à la fois que le testament conforme à celle-ci, sans l'être à celle-là, serait valable, en vertu de considérations d'équité et d'utilité, à titre d'exception favorable, et que, dans le cas contraire, le testament serait également valable, en vertu même du droit, la loi du domicile de chaque personne étant celle qui présidait généralement à sa vie juridique. Tel était le véritable ancien droit. Le caractère impératif, absolu de la règle « *Locus regit actum* » n'avait été reconnu, en dernier lieu, par certains auteurs et par la jurisprudence que sous l'influence d'une erreur causée par la puissance d'une formule. Rodenburgh et Jean Voet avaient excellemment démontré que la règle permettant l'observation de la loi du lieu de l'acte n'était que subsidiaire. Bouhier et Boullenois, tout en préconisant des systèmes particuliers, suggérés par le classement qu'ils faisaient de la forme des actes dans le statut personnel ou dans le statut réel, rappelaient eux-mêmes, çà et là, comme on l'a vu, la vraie raison d'être de cette règle. L'avocat Macé, recourant, comme dans les plaidoyers il arrive d'ordinaire, à tous les arguments qu'il crut utiles à sa cause, fit appel à la théorie de Ricard, mais il ne manqua pas non plus d'observer que l'application rigoureuse de la règle « *Locus regit actum* » serait injuste, oppressive, transformerait en un mal funeste le bienfait en vue duquel cette règle avait été introduite :

Tous nos livres sont remplis d'arrêts... qui ont confirmé des testaments faits en pays étrangers, selon l'usage des lieux, quoique la loi du domicile requière d'autres formalités. Ce qui a été favorablement décidé pour l'intérêt des testateurs, pour assurer l'effet et l'exécution de leurs dernières volontés, parce que (comme dit un auteur moderne, auteur des notes sur Henrys, liv. 5, quest. 32) les notaires ne sont pas obligés de savoir toutes les formalités de chaque pays et qu'il suffit qu'ils sachent celles du lieu où ils font leur résidence. Voilà le vrai et presque le seul effet de cette maxime « *Spectandum esse loci cujusque consuetudinem ubi de solemnitate actûs agitur* ». C'est en détourner le sens et le bon usage que de s'en prévaloir contre la validité des testaments..... N'est-ce pas contraire à la pure raison d'assujettir ceux qui vont dans des pays étrangers, pour le service du Prince et de l'État, à ne disposer que selon les lois du lieu ou du royaume où ils se trouvent, et de les priver de l'usage des testaments olographes qu'ils auraient le pouvoir de faire chez eux et dans leur patrie ? Un ambassadeur, un général d'armée, un plénipotentiaire, un homme d'État envoyé pour l'intérêt de la Couronne se trouvent dans des lieux où il n'a pas la communication de notaires, de témoins ou d'officiers, où il ne peut pas s'expliquer avec eux par la différence de la langue ou de l'idiome, où il ignore les lois et les usages du pays, où il ne peut avoir de rédacteur que lui-même de ses dernières volontés. Il sera privé de la consolation de mettre ordre à ses affaires et de former les lois domestiques qu'il veut être observées après sa mort.

Voilà les considérations qu'inspire le bon sens — et ce que disait Me Macé des personnages, auxquels il songeait spécialement parce qu'il plaidait pour le testament d'un gouverneur de province, est vrai pour les simples particuliers, commerçants ou voyageurs —, voilà, dis-je, ce qu'inspire le bon sens à qui veut démontrer que la règle « *Locus regit actum* » ne saurait être obligatoire. Et voilà pourquoi le testateur a le droit de suivre, avant tout, s'il le préfère, la loi de son domicile, en matière de formes d'actes, sans qu'il soit besoin de recourir à l'intervention illégitime du statut personnel. C'est une explication que suggère la nature même des choses et qui, par conséquent, doit, dans le silence des auteurs du Code, nous faire comprendre l'esprit de leur œuvre. Le législateur de 1804, qu'il ait ou non connu les dires si différents des anciens auteurs, a dû raisonner comme ceux d'entre eux qui, sans parti pris, sans esprit de système, se guidèrent uniquement, suivant l'expression de M⁰ Macé, d'après la « pure raison ». Se dégageant des liens où s'étaient laissé prendre, autrefois, certains auteurs et les cours, en se soumettant aveuglément à une tradition faussée, ne conservant d'abord la formule traditionnelle qu'en lui restituant sa première et légitime acception, comme en témoignent les paroles ci-dessus rapportées de Portalis[1], puis renonçant même à cette formule, sur le désir du Tribunat, pour éviter les interprétations erronées dont, malgré son commentaire, elle eût été susceptible, il est revenu au système que la combinaison de l'équité avec le droit avait fait primitivement admettre et qui s'était maintenu jusqu'au jour où les mots obscurcirent la vérité : en règle, observation par le testateur de la loi qui généralement préside à la vie juridique de toute personne; à titre de faveur et de tempérament, recours par le testateur à la loi du lieu de l'acte.

Mais, dira-t-on peut-être, c'était la loi du domicile qu'autrefois l'on regardait comme devant s'appliquer en règle générale, et c'est l'observation de la loi nationale qu'autorise l'article 999. Qu'importe! Le changement n'a eu lieu que dans les mots et s'imposait. La réalisation de l'unité législative pour toute la France obligeait le législateur à substituer la loi nationale à la loi du domicile, dans la direction générale de la vie juridique des personnes comme dans le règlement spécial de leur statut personnel. Elle n'imposait aucun changement quant au fond du droit. C'est bien la théorie des Bartole, des Dumoulin, des Rodenburgh et des Jean Voet que le législateur de 1804 a transportée de l'ancienne France, partagée entre les coutumes, dans la France nouvelle, unifiée, de la « Théorie des statuts » dans le Droit international privé.

De là il résulte que la loi nationale du testateur, de même

(1) Ci-dessus, p. 30.

qu'autrefois la loi de son domicile, intervient, en ce qui concerne la forme de son testament, non comme loi de son statut personnel, mais à un titre différent. Elle suit le testateur à l'étranger non pas en surveillante impérieuse, mais en protectrice, dans l'accomplissement d'un acte juridique et dans la rédaction de l'acte instrumentaire le constatant, pour lui indiquer la forme suivant laquelle cet acte juridique sera valable et cet acte instrumentaire fera preuve.

Or, dans cet ordre d'idées, pourquoi la loi du domicile ne remplirait-elle pas le même rôle? Dans le domaine des intérêts pécuniaires, la loi du domicile occupe une très grande place, tantôt supérieure à celle de la loi nationale, tantôt au moins équivalente.

C'est au domicile des débiteurs que les créances ou biens incorporels de même nature sont juridiquement situés, et c'est par conséquent la loi du domicile des débiteurs qui prévaudra toutes les fois que l'on aura à prendre en considération la situation de cette sorte de biens. C'est au domicile du défunt que sont juridiquement situés les meubles compris dans sa succession, et par conséquent c'est la loi du dernier domicile du défunt qui régira sa succession mobilière, si, comme autrefois Dumoulin et nombre d'auteurs à sa suite, on adopte le système qui range la succession, tant mobilière qu'immobilière, dans le statut réel. C'est encore la loi du domicile du débiteur qui, suivant une opinion très répandue, détermine les règles à suivre pour la prescription libératoire.

Que, d'autre part, on envisage la substance des actes juridiques intéressant le patrimoine et, plus spécialement, l'interprétation des volontés des parties, la loi nationale, qui préside généralement à la vie juridique des personnes, est sans doute au premier rang des lois qui doivent être consultées; mais la loi du domicile n'y a pas des titres moindres, parce que, là, c'est l'intention tacite ou présumée des parties qui est recherchée et que, selon les circonstances, les parties sont considérées comme s'étant implicitement soumises à l'une ou à l'autre. Et cette règle est notamment applicable à l'interprétation des volontés du testateur. La loi du domicile a même été, pendant longtemps, en une certaine matière, l'unique loi que l'on dût appliquer. Cette matière est celle du régime matrimonial, au cas où les époux n'ont pas expressément réglé par contrat leurs intérêts pécuniaires. Un système, remontant à Dumoulin, consiste alors à rechercher l'intention probable des époux dans les circonstances qui ont accompagné le mariage : ne se sont-ils pas référés à telle ou telle loi? Et ce fut, jusqu'à ces derniers temps, la loi du domicile matrimonial, toujours d'après Dumoulin, qui fut considérée comme ayant été l'objet de leur choix. Mais aujourd'hui, les idées ayant évolué sur ce point, la loi nationale des époux lui fait concurrence et souvent lui est préférée.

Ainsi, lorsqu'il s'agit de l'activité juridique dans l'ordre des intérêts pécuniaires, en un domaine où les volontés individuelles sont libres et prépondérantes, le domicile, qui est précisément le centre de la vie juridique, prend une importance au moins égale à celle de la nationalité des personnes. Or, c'est dans cette sphère que se place la forme des actes privés, particulièrement celle du testament, lorsque, suivant l'expression de Ricard et de Bouhier, le testateur est « son propre ministre »: Liberté doit alors lui être laissée de se référer soit à sa loi nationale, soit à la loi de son domicile, pour lui demander conseil au sujet des formes de l'acte qui attestera l'existence et la sincérité de ses volontés dernières. Selon les circonstances, il connaîtra mieux l'une ou l'autre, ou bien il lui sera plus aisé d'y recourir, comme, d'ailleurs, il peut arriver que sous ce double rapport il ait intérêt à suivre la loi locale.

Pour le régime des biens des époux, la loi du domicile matrimonial a d'abord paru, dans notre droit moderne, ainsi que dans notre ancien droit, devoir être la loi prédominante ; puis la loi nationale est venue se placer sur le même rang qu'elle. A l'inverse, pour le testament privé, c'est à la loi nationale du testateur, substituée à l'ancienne loi du domicile, qu'a d'abord pensé le législateur de 1804; mais, aujourd'hui que le domicile et la nationalité, pouvant être séparés, sont deux éléments distincts de solution des conflits de lois, il est aussi dans la nature des choses que la loi du domicile obtienne une influence égale à celle de la loi nationale. Il est, dis-je, pour l'une et l'autre matières, dans la nature des choses que la loi nationale et la loi du domicile soient équivalentes. En effet, d. même que, là, il doit être loisible aux époux de soumettre leurs biens au régime de leur loi domiciliaire ou de leur loi nationale, de même, ici, il doit être permis au testateur de se placer, quant aux formes qui garantiront la validité et l'exécution de son testament, sous la protection de sa loi nationale ou de sa loi domiciliaire. A l'un et à l'autre points de vue, la loi se fait tutélaire, non pas impérative. Elle offre aux futurs époux, pour le règlement de leurs intérêts pécuniaires, des moyens entre lesquels ils peuvent choisir, auxquels même ils peuvent préférer d'autres moyens suggérés par d'autres lois, selon leurs convenances. Elle prescrit pour le testament privé des formes qui lui paraissent assurer qu'il sera bien la manifestation d'une volonté ferme et libre ; mais elle ne tient pas rigoureusement à ce que ces formes soient observées; d'autres, établies par d'autres lois, pourront avoir la même valeur. Elle comprend qu'à cet égard le testateur, sans être abandonné à ses fantaisies, sans même être aussi libre que le sont les époux au sujet du régime de leurs biens, doit jouir d'une certaine latitude. Elle lui laisse, en conséquence, l'option entre la loi de sa patrie, la loi de son domicile et la loi du lieu de l'acte, parce que le choix de l'une ou de l'autre de ces lois tient à des circonstances qui le rendent légitime.

## CHAPITRE III

### La loi du lieu de l'acte et la loi du tribunal.

Comme dans les cas précédents, la loi du lieu de l'acte n'a pas été suivie; mais celle qui l'a été n'est ni la loi nationale du testateur ni la loi de son domicile ; c'est la loi du pays où siège le tribunal saisi du litige. L'observation de cette loi prévaudra-t-elle aussi, comme l'aurait fait celle de la loi nationale ou celle de la loi du domicile, sur l'inobservation de la loi du lieu de l'acte ?

Il sera très rare qu'un tel cas se produise. Le plus souvent, si le testament est conforme à la loi du tribunal, c'est que cette loi se trouve être en même temps l'une des trois autres, que le testateur a choisie et qui, à titre de loi nationale, ou de loi du domicile, ou de loi du lieu de l'acte, éclipse en quelque sorte la loi du tribunal et paraît en rendre le concours inutile. Telles furent certaines des espèces énumérées au début de ce travail; dans la dernière, notamment, celle qui concerne le testament de Charles Spencer, si la justice française, après avoir été saisie en référé, l'est aussi sur le fond du droit, la loi observée par le testateur sera à la fois celle de son domicile et celle du tribunal.

Probablement peu fréquente en fait, l'hypothèse, à ma connaissance du moins, ne s'est pas encore présentée devant nos tribunaux. Des auteurs, à la vérité, citent un arrêt de la Cour de cassation en date du 19 févr. 1867 [1] et un jugement du tribunal de la Seine rendu le 5 août 1886 [2], qui l'auraient eue pour objet et n'auraient pas admis la validité d'un testament uniquement conforme à la loi française. Mais c'est inexact. La question sur laquelle intervint l'arrêt du 19 févr. 1867 fut de savoir si un testament olographe, rédigé sous l'empire de la loi sarde et manquant d'une condition prescrite par cette loi, pouvait être jugé valable, le testateur étant mort avec la qualité de Français et la loi française n'exigeant pas la formalité qui faisait défaut. La cour d'appel avait décidé que le testament était nul, non pas comme n'étant conforme qu'à la loi du tribunal, mais comme étant resté, dans l'intention du testateur, à l'état de simple projet, et la Cour suprême estima que la cour d'appel avait eu le droit de s'arrêter à cette interprétation. Le jugement du 5 août 1886 porte sur un testament mystique, dressé au Vénézuéla sans l'observation de certaines formes prescrites à peine de nullité par la loi locale. Il le déclare nul, parce que les formes omises étaient nécessaires à la validité du testament considéré comme acte public. Il n'est pas dit que le testament, abstraction faite de ces formes, fût écrit, daté et signé par le testateur. D'autre part, la nullité de ce testament en faisait revivre un autre, antérieur, fait dans la forme olographe. De cette dernière circonstance, d'ailleurs, il n'y a pas lieu non plus de faire état dans la présente controverse, parce qu'il n'est pas dit que le testateur fût un étranger ni que le testament eût été fait en pays étranger. Comme on le voit, ces deux décisions doivent être laissées en dehors du débat, auquel elles n'ont nullement trait.

Mais, si l'hypothèse dont il s'agit n'est pas de nature à se réaliser fréquemment et ne s'est pas jusqu'ici présentée devant la justice française, elle n'est pas impossible. En droit international privé, des situations se rencontrent que l'on aurait eu peine à prévoir. Au reste, l'application des articles 14 et 15 de notre Code civil, qui, en cas de contestations entre étrangers

_______________

(1) *Sirey*, 67, 1, 162 ; *Dalloz*, 67, 1, 391.
(2) *J. dr. int. pr.*, 1887, p. 621.

et Français, dérogent à toutes les règles ordinaires de la compétence, peut avoir pour effet l'intervention de la justice française au sujet d'un testament fait en pays étranger par une personne qui n'avait ni la nationalité française ni son domicile en France et qui néanmoins aurait testé dans la forme olographe. Certaines circonstances, telle que l'intention conçue mais non réalisée par le testateur de se faire naturaliser ou de se fixer en France, pourraient expliquer cette particularité singulière. On peut encore supposer qu'un testament olographe, rédigé en pays étranger, par un étranger domicilié à l'étranger, soit soumis à la justice française à l'occasion d'une succession comprenant des immeubles situés en France.

Quoi qu'il en soit, la question qui dans l'hypothèse envisagée s'élève au sujet de la validité du testament, si peu importante qu'elle soit en fait, offre, en théorie, dans une recherche des règles de droit international rationnelles, un intérêt considérable. De plus, les motifs qui feraient admettre la validité du testament par cela seul qu'il serait régulier d'après la loi du tribunal s'ajouteraient à ceux qui ont été précédemment exposés, s'il était en outre conforme, comme il arrive d'ordinaire, soit à la loi nationale ou domiciliaire du testateur, soit à la loi du lieu de l'acte, et la validité du testament s'en trouverait corroborée.

L'opinion générale, peut-être unanime, des auteurs qui ont prévu la question, c'est qu'un pareil testament n'est pas valable; mais aucune raison sérieuse n'en est donnée.

Pour Demolombe, c'est la conséquence du système auquel il s'attache en ce qui concerne la règle « *Locus regit actum* ». Elle est, suivant lui, demeurée impérative dans notre droit actuel, comme dans le dernier état de notre ancien droit. C'est le principe. Une exception formelle y est faite par l'article 999 au profit des Français testant en pays étranger. Cette exception pourrait, sans doute, être étendue aux étrangers testant en France. L'idée de réciprocité semble le permettre, sans toutefois le commander. Ce serait, du moins, raisonnable. Mais, le Code ayant tacitement maintenu l'ancien droit, c'est impossible. Alors, vient cette conclusion : « Ce qui est certain, à notre avis, c'est qu'on ne saurait considérer comme valable, en France, un testament fait par un étranger, hors de France, d'après une forme qui ne serait celle ni de la loi nationale de cet étranger ni du lieu où le testament aurait été fait » (1). C'est la conclusion logique de prémisses erronées.

MM. Aubry et Rau décident également qu'un étranger résidant en pays étranger ne peut pas tester dans la forme olographe, telle qu'elle est réglée dans l'article 970, si cette forme n'est admise ni par la loi nationale ni par la loi du pays où il se trouve. Il ne le pourrait pas, disent-ils, encore qu'il s'agît d'immeubles situés en France. A plus forte raison leur pensée est-elle qu'il ne le peut pas, si — et c'est le cas que je suppose —, cette circonstance elle-même fait défaut (2). De cela, d'ailleurs, les auteurs ne donnent aucun motif. C'est sans doute pour eux, comme pour Demolombe, la conséquence de l'idée générale qu'ils se font de la règle « *Locus regit actum* ». A la vérité, cette règle ne leur apparaît pas rigoureuse au point de s'imposer aux étrangers qui font leur testament en France; contrairement à Demolombe, ils estiment que les étrangers peuvent en France, par réciprocité, tester valablement suivant leur loi nationale, puisque les Français à l'étranger le peuvent en vertu de l'article 999. Et même, précédemment (3), ils ont présenté la règle « *Locus regit actum* » comme purement facultative. Mais il semble, néanmoins, qu'elle soit à leurs yeux, pour la forme des actes en droit international privé, le principe dominant, puisqu'ils n'en indiquent pas un autre qui doive lui être substitué. Et c'est sans doute pourquoi, en dehors des deux cas réservés, l'un formellement, l'autre implicitement, par l'article 999, nulle considération ne leur paraît de nature à la faire écarter.

M. Maurice Colin (4) semble traiter la question de façon plus explicite et dire pourquoi, bien que selon lui la règle « *Locus regit actum* » soit purement facultative, le testament fait dans l'hypothèse envisagée ne serait pas valable.

Lorsque les tribunaux français ont à se prononcer sur la validité d'un testament fait par un étranger à l'étranger, ils n'ont point à se préoccuper de savoir

---

(1) Demolombe, *Cours de Code Napoléon*, I, n° 106 *bis*; XXI, n°* 484, 485. — Comp., Colmet de Santerre, *Cours analytique de Code Napoléon*, IV, n° 133 *bis* IV; Weiss, *Traité théorique et pratique de dr. int. privé*, IV, p. 638; Baudry-Lacantinerie et Colin, *Don. et test.*, II, n° 2254.

(2) Aubry et Rau, *Cours de droit civil français*, 4e éd., t. VII, § 661.

(3) 5e édit., t. I, § 31, p. 167 et s.

(4) *De la forme des testaments passés par les étrangers* dans *J. dr. int. pr.*, 1897, p. 943.

si les règles de forme prescrites par la loi française ont été observées. Le testateur n'avait point alors à respecter les formes de la loi française, mais les formes de sa loi nationale ou de la législation du pays dans lequel il testait. Dès qu'il s'est conformé aux règles de sa loi d'origine ou de la législation locale, les tribunaux français doivent considérer son testament comme valable. En définitive, la règle *locus regit actum* doit alors dominer et régler toutes les difficultés relatives à la forme du testament. Les auteurs s'accordent à le reconnaître et la jurisprudence se prononce dans le même sens (1). C'est ainsi, par exemple, que les tribunaux français ne pourraient déclarer valable un testament qu'un étranger aurait rédigé conformément aux prescriptions de l'article 970 du Code civil, si, d'après la loi d'origine du testateur ou la loi du pays dans lequel le testament avait été rédigé, la forme olographe n'était point considérée comme une des formes légales du testament. Ils devraient, au contraire, considérer ce testament comme valable, si la loi d'origine du testateur autorise la forme olographe.

Mais cette explication n'a pas la moindre valeur. Elle n'a de portée, en effet, que pour l'hypothèse contraire à celle dont il est ici question. L'auteur suppose, en premier lieu, que le testament fait à l'étranger par un étranger n'est pas conforme à la loi du tribunal français saisi du litige. Ce tribunal, dit-il, ne doit pas tenir compte de cette circonstance, ne doit pas pour cette raison déclarer le testament nul ; car « le testateur n'avait point alors à respecter les formes de la loi française », il suffit qu'il ait respecté celles de sa loi nationale ou celles du lieu de l'acte (de la loi du domicile, ici comme partout ailleurs, il n'est rien dit). Telle étant l'hypothèse prévue, la solution que propose l'auteur et le motif qu'il en donne sont parfaitement rationnels. Mais, lorsqu'ensuite il arrive à l'hypothèse inverse, à celle où le testament est conforme à la loi du tribunal, à celle qui précisément est l'objet du présent débat, c'est encore la même affirmation, posée dès le début, qui s'y réfère : « les tribunaux français n'ont point à se préoccuper de savoir si les règles de forme prescrites par la loi française ont été observées ». Et la conséquence en est que « les tribunaux français ne pourraient déclarer valable un testament qu'un étranger aurait rédigé conformément aux prescriptions de l'article 970 du Code civil, si ce testament n'était admis ni par la loi nationale

(1) L'auteur cite, à l'appui de cette assertion, l'arrêt de la Cour de Paris du 5 août 1886. On vient de voir que la citation n'est pas exacte. L'arrêt s'est prononcé sur un testament mystique et relativement aux conditions auxquelles cet acte était public. Il semble, d'ailleurs, que l'auteur du testament n'était pas un étranger.

du testateur ni par la loi du lieu de l'acte ». Or, procéder ainsi, c'est affirmer et conclure sans en donner aucun motif. Ou bien l'auteur, tombant dans une confusion singulière, a cru justifier cette solution par les raisons sur lesquelles il avait précédemment fondé la première. Ainsi, d'après cela, le testament conforme à la loi du tribunal serait nul parce que le testateur n'était pas tenu d'observer cette loi !

Voilà donc quelle est, aujourd'hui, sur la question dont il s'agit, l'état des choses : point de jurisprudence; une doctrine unanime à décider que le testament n'est pas valable [1], mais s'en tenant à des affirmations. Eh bien, qu'il me soit permis d'appeler l'attention sur un point de vue, inaperçu jusqu'à présent, qui, s'il est juste — chose à discuter —, justifiera l'opinion contraire.

Un testament fait dans la forme privée, qu'il soit ou non olographe, est un acte à double fin. Il sert, au moment où il s'effectue, à l'expression des volontés du testateur, et le plus souvent cela suffit, parce que d'ordinaire il est docilement exécuté. Mais, survient-il quelque contestation judiciaire où les volontés du testateur sont mises en doute, il sert alors à les constater. Hier, acte juridique énonçant des dispositions à cause de mort, il en devient aujourd'hui la preuve, il en porte par écrit le témoignage, il fonctionne comme acte instrumentaire. Et les mêmes qualités qui en ont fait une déclaration valable en font un témoin digne de foi. Il y a donc un lien des plus étroits entre ces deux rôles du testament. Cependant, ce sont au fond deux rôles distincts et c'est chose dont il faut tenir compte lorsqu'on se demande, en droit international, quelle loi, parmi plusieurs, préside à la forme du testament.

Considère-t-on le testament comme une déclaration de volontés dernières, son auteur doit, pour le faire valablement, se soumettre à certaines formes, dont le but est d'assurer l'existence, la liberté, la sincérité de ses dispositions. C'est ici qu'in-

---

[1] On cite comme dissident Duranton, *Cours de droit français*, IX, n° 15. Mais c'est inexact. Cet auteur suppose qu'un étranger possédant des immeubles en France a fait un testament olographe et décide que cet acte est valable. Mais ce n'est pas à titre de testament conforme à la *lex fori* qu'il lui reconnaît cette valeur, c'est à titre de testament conforme à la *lex rei sitûs* et parce qu'à la thèse du statut personnel il oppose, en la matière, celle du statut réel. C'est une autre question, qui ne sera pas examinée dans la présente étude.

tervient la théorie précédemment exposée : bien que le testament soit un acte solennel et que par conséquent son auteur ne soit pas libre d'employer des formes quelconques, la faveur due au droit de tester, l'équité, la justice même veulent que le testateur puisse en principe observer sa loi nationale ou la loi de son domicile, par exception suivre la loi du lieu de l'acte.

Considère-t-on le testament comme une preuve produite en justice, le juge doit en premier lieu demander à la loi de son propre pays quelles conditions de forme lui sont imposées à cet effet et, ces conditions se trouvant remplies, sans s'inquiéter d'autre chose, en accueillir le témoignage. C'est le législateur de qui il relève qui lui en fait un devoir. De la part du législateur français, par exemple, autoriser dans l'article 970 le testament olographe, c'est dire aux tribunaux français : « J'estime qu'un acte testamentaire écrit, daté et signé par le testateur atteste une volonté certaine, libre et sincère. Vous y ajouterez foi ». Le législateur qui tient ce langage a-t-il souci soit de la nationalité ou du domicile du testateur, soit du lieu où se fera l'acte? Nullement. Il tient compte, sans doute, jusqu'à un certain point, du caractère et des mœurs de ses sujets, mais il s'inspire aussi et surtout de sa connaissance générale de l'âme humaine et de son devoir de satisfaire au légitime désir qu'ont d'ordinaire les hommes de régler eux-mêmes, à leur mort, la dévolution de leurs biens. Le testament olographe lui a paru devoir être permis, parce qu'à ses yeux, c'est pour ceux qui, sachant et pouvant écrire, veulent tester secrètement ou dans une heure critique, tout en se réservant la possibilité de modifications ultérieures, un instrument toujours présent, commode et souple. Ailleurs, ce sont les inconvénients du testament olographe qui se sont surtout offerts à l'esprit du législateur et l'ont déterminé à le proscrire. Le Code civil des Pays-Bas, par exemple, a sur ce point répudié le droit français. Est-ce à dire que le législateur néerlandais ait pensé que ses sujets sont plus accessibles aux influences du dehors, ont le caractère moins ferme que les peuples de Belgique ou de France? Non. Cette divergence des lois provient d'une conception différente et générale de la force de résistance que le testateur, quel qu'il soit, en quelque pays qu'il se trouve, peut opposer aux suggestions, sollicitations, pressions et procédés frauduleux des personnes qui convoitent sa fortune. Chaque législateur a donc, à ce sujet, sa manière de voir et, je le répète, le but qu'il se propose, en s'adressant à ses juges, est de leur faire connaître les conditions auxquelles, comme mode de preuve, est assujetti le testament. Par conséquent, les juges français auxquels un testament olographe est présenté n'ont pas, quant à la validité de cette preuve, à s'inquiéter de la nationalité du testateur, ni de son domicile, ni du lieu de l'acte. Puisque le législateur dont ils relèvent attribue à cette sorte de testament force probante, leur devoir est de la lui reconnaître.

Voilà pour le cas où le testament est conforme à la loi du tribunal. Est-ce à dire que, s'il y est contraire, il doive être écarté? Non, certes. Le juge doit alors, subsidiairement, considérer que ce testament est une preuve préconstituée, dressée par une personne qui, selon l'expression de M. Maurice Colin, « n'avait pas à respecter » la loi du tribunal. Cette loi, en effet, sera souvent ignorée du testateur. A quels juges son testament sera-t-il un jour soumis? Peut-être a-t-il à cet égard des prévisions; jamais il n'a de certitude. Rien ne l'empêche de se conformer à ses prévisions, s'il en a, mais rien ne l'y oblige. Il a eu recours, soit à sa loi nationale, soit à la loi de son domicile, qui l'une et l'autre dans l'exercice de ses facultés juridiques d'ordre pécuniaire étaient ses protectrices naturelles, ou bien encore à la loi du lieu de l'acte, en lui demandant une assistance temporaire. On doit reconnaître qu'il en a eu le droit et que son testament, valable en tant qu'expression de ses volontés, l'est aussi pour en témoigner devant le juge. En d'autres termes, c'est pour le juge un acte instrumentaire, comptant parmi les éléments de l'administration de la justice, plus spécialement se rattachant au système des preuves et, de ce chef, régi par la loi du tribunal. Mais, quant à la question de savoir s'il est un mode de preuve admissible — et c'est ici le point de vue auquel on l'envisage —, il n'appartient pas à la procédure proprement dite, suivant laquelle s'exercent les preuves, et par conséquent il ne relève pas exclusivement de la loi territoriale : à défaut de cette loi, s'il n'y est pas conforme, une autre loi peut intervenir et, le protégeant, suivant les règles précédemment indiquées, comme un acte valablement fait, lui attribuer force probante.

## CONCLUSION

La tradition mal comprise, l'imparfaite connaissance des travaux préparatoires du Code civil et, dans l'ordre des considérations théoriques, l'affirmation injustifiée d'un principe supérieur, d'ordre public, ont érigé chez nous la règle « *Locus regit actum* » en une loi souveraine, contre laquelle rien ne saurait prévaloir, hormis quelque formelle disposition législative. L'article 999, sans doute, permet aux Français de faire en pays étranger leur testament suivant leur loi nationale. Mais c'est une exception qui ne saurait être étendue. Par conséquent, les étrangers n'ont pas le même pouvoir en France. A plus forte raison, l'observation de la loi du domicile serait-elle sans valeur; on n'a même pas conçu qu'il en pût être autrement. Quant à savoir si l'on devrait admettre, à titre de preuve, un testament qui n'aurait pour lui que d'être conforme à la loi du tribunal auquel il serait présenté, l'idée s'en est offerte, mais pour être d'emblée rejetée. C'est contre cette domination de la règle « *Locus regit actum* », qui pèse, à divers degrés, sur beaucoup d'esprits et qui, jusqu'à présent, à l'égard des actes testamentaires, a paralysé nos Cours, que j'ai protesté, en m'efforçant de démontrer que le caractère impératif et absolu de cette règle provient d'une erreur historique, n'était point dans la pensée des auteurs du Code, fut même une des causes qui leur firent abandonner le projet de consacrer expressément la règle, et que l'article 999 en contient la condamnation manifeste. Si l'on accepte cette démonstration, si l'on admet que la règle « *Locus regit actum* » doit perdre l'empire absolu qu'elle a indûment exercé et redescendre au rang de règle subsidiaire et facultative que lui assignent l'histoire et la nature des choses, on en conclura d'abord qu'elle ne s'oppose nullement à la faculté pour les étrangers de faire en France leur testament suivant leur loi nationale. Sur ce point, j'apporte, pour ma part, la conviction la plus ferme. De plus, le champ devient libre pour des recherches auxquelles, jusqu'à présent, la conception que l'on avait de la règle « *Locus regit actum* » opposait comme une fin de non recevoir. A quel titre la loi nationale du testateur, soit du Français en pays étranger, soit de l'étranger en France, peut-elle être observée? Si c'est en tant que loi généralement directrice et protectrice de ses sujets dans l'exercice de leur activité juridique, la loi du domicile, au cas où elle ne se confond pas avec elle, ne doit-elle pas, en matière de testament privé, être considérée comme lui étant équivalente? Peut-être même — ce que je n'ai pas examiné dans cette étude —, convient-il de permettre au testateur, quant à ses immeubles, de suivre la loi du lieu où ils sont situés. D'autre part, pourquoi les juges d'un pays n'accueilleraient-ils pas comme preuve des dispositions dernières d'un étranger, même exprimées à l'étranger, un testament conforme à la loi de leur propre pays? Ce sont là des questions nouvelles, à l'égard desquelles je soumets à la discussion mon sentiment, tout prêt à examiner les objections qui seront opposées.

IMPRIMERIE CONTANT-LAGUERRE, BAR-LE-DUC

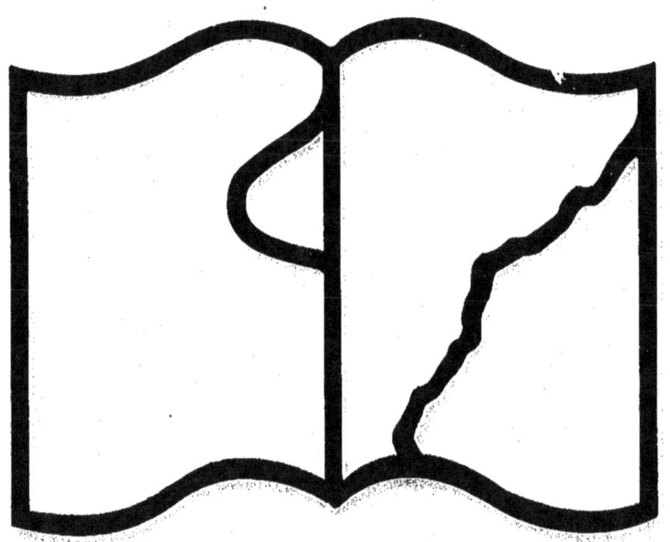

Texte détérioré — reliure défectueuse

**NF Z 43**-120-11